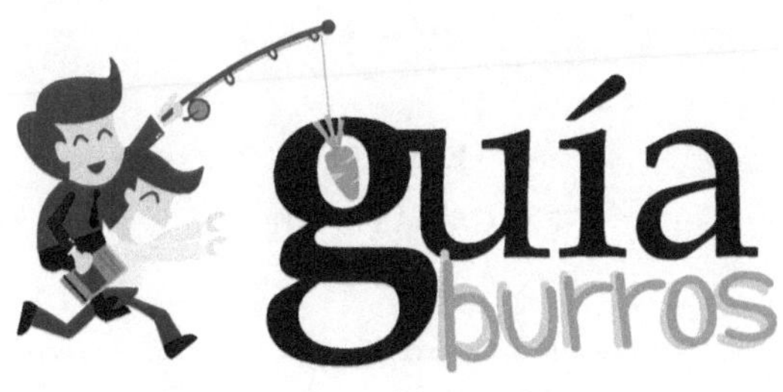

LIDERAZGO Y GESTIÓN DE EQUIPOS IMPERFECTOS

LAS CLAVES DEL "LIDERAZGO ENVOLVENTE"

ZACARÍAS ROMERO

www.liderazgo-gestion-equipos-imperfectos.guiaburros.es

Primera edición: abril de 2022
Cuarta edición: abril de 2025

ISBN: 978-84-19129-29-1
Depósito Legal: M-7798-2022

Te invitamos a registrar la compra de tu libro o *e-book* dándote de alta en el **Club GuíaBurros,** obtendrás directamente un cupón de **2 € de descuento** para tu próxima compra.

Además, si después de leer este libro lo has considerado útil e interesante, te agradeceríamos que hicieras sobre él una **reseña honesta en cualquier plataforma de opinión** y nos enviaras un *e-mail* a **opiniones@guiaburros.es** para poder, desde la editorial, enviarte **como regalo otro libro de nuestra colección.**

Sobre el autor

 **Zacarías Romero** es diplomado técnico en Empresas y Actividades Turísticas por la Universidad de Salamanca, Máster en Asesoría Técnico Comercial (Gestión de Empresas) y con Curso Superior de *Marketing,* impartidos por ESIC en la Cámara de Comercio de Salamanca. Especialista Universitario en *Coaching* Profesional, impartido en la Universidad Europea Miguel de Cervantes, Valladolid. *Practitioner* PNL (Programación Neurolingüística) y con formación y diversos cursos en el ámbito del análisis transaccional y *neuromarketing.* Experto en negociación avanzada por *The Gap Partnership. Coach* Profesional Certificado por AECOP (CP y ha ejercido como presidente de AECOP Castilla y León durante un año.

Tiene treinta años de experiencia laboral en la dirección y gestión de equipos, veinte de ellos como director comercial en empresas multinacionales: HMC, Home English, Grupo CEAC, Carglass, Vitaldent, Sanitas. Ha dirigido equipos de más de 100 personas y coordinado empresas a nivel territorial y nacional.

Fundador de la consultoría de formación comercial y *coaching* FormAcción *Coaching*. Ha impartido clases de ventas y *coaching* en la Cámara de Comercio de Salamanca. Formador en técnicas de venta y *coaching* durante varios años en CONFAES (Confederación de Empresarios de Salamanca). Docente a nivel nacional en diferentes academias, colegios profesionales, consultoras, institutos de formación profesional, etc. También ha realizado procesos de coaching personal, ejecutivo y de sucesión, con particulares y empresas.

Es autor del libro *El método NOE. Neuroventa orientada a la emoción*.

Agradecimientos

A mi madre Mª del Carmen Pérez Martín, que me mostró el "Liderazgo del ama de casa".

A mis hijos Cándido y Zacarías con los que aprendo cada día.

Índice

Introducción

"Estamos obligados a hacer lo que somos capaces de hacer. El ser humano está hecho para dar lo mejor; si no lo damos todo, no estamos dando nada".

"No te conviertas en algo menor de lo que puedes ser".

Nelson Mandela

Llevo más de veinticinco años dirigiendo equipos y, como mando intermedio que soy, también siendo dirigido por toda clase de jefes. Supongo que esto me da un bagaje que quiero compartir desde la humildad y la experiencia, alejándome de teorías bonitas y apostando por el liderazgo de la calle, verdadero, cercano y real, que es el que he desarrollado en mi vida laboral.

Hay tres pilares esenciales que destacaría desde el primer momento: tenemos que discernir entre la relación y la tarea, utilizar con equilibrio la caricia y el palo, y separar lo personal de lo profesional. En la empresa, todo se mezcla como un *totum revolutum,* y esto es lo que nos lleva al caos más absoluto y a la pérdida de control.

La inmensa mayoría de las personas no es feliz en su trabajo, acuden a sus puestos a disgusto y, además, no recomendaría su propia empresa a ningún amigo; pero esto no es lo peor, ya que el trabajo es trabajo. Lo peor es la mala valoración y la poca confianza que tienen en sus jefes y en su liderazgo, lo que hace que muchas personas dejen la compañía o estén buscando un nuevo empleo; y, sobre todo, que intenten despedir a sus jefes despidiéndose ellos mismos.

Le dedicamos más tiempo diariamente a nuestra actividad laboral y a nuestros compañeros que a nuestras propias familias. Por ello, esperamos poder realizarnos, que nos traten con respeto y que nos valoren, pero en lugar de esto nos encontramos con verdaderos patanes al mando que intentan pisotearnos para hacerse más grandes y ocultar su incompetencia.

Nos enfrentamos a un escenario desolador en cuanto a la motivación en el trabajo, sobre todo por el poco nivel y capacidad de nuestros jefes, porque ellos son, en gran medida, responsables de nuestra visión de la empresa y de nuestro día a día. Tenemos que empezar a dar importancia, a dirigir personas y a liderar, a ser conscientes de que siempre podemos mejorar, aunque sea un 0,01 % cada día. No trabajamos con cosas, sino con personas.

Uno de los indicadores negativos más importantes que tienen las empresas en sus cuadros de mando es la falta de liderazgo, pues confunden a los "gestores de Excel" con "gestores de personas", lo que ha dado lugar a un cambio brutal de paradigma en los empleados: antes el 80 % era capaz de cambiar de empresa por dinero, y ahora el 80 % cambiaría por un nuevo jefe.

Por todo esto, puedo apuntalar que la pandemia real de las empresas de este siglo es la falta de liderazgo: si no puedes liderar tu vida, tus miedos, tus sueños y objetivos, ¿cómo pretendes liderar los de otros? Si esto es así, es mejor que te apartes y le dejes el sitio a los demás, porque o lideras o te lideran. No hay puntos medios: si no tomas decisiones, otros las tomarán por ti.

Desde pequeños, se nos ha educado en el egoísmo, la individualidad y la lucha por nuestros intereses. Esto cercena nuestra habilidad para dirigir a otros, ya que liderar es pensar primero en el equipo. Sin embargo, no todo está dicho.

Empecemos:

"Liderar es hacerse cargo de las personas y de las situaciones alumbrando el camino".

Tengo el profundo convencimiento de que todos llevamos un líder dentro, más grande o más pequeño, de masas o de su comunidad de vecinos, un líder que mueve montañas o que guía a su familia, pero al fin y al cabo todas las personas tenemos una luz y podemos alumbrar a los demás; y de que, cuando enciendes una luz para otra persona, también la enciendes para tu propio camino. La cuestión es: ¿Qué es lo que yo quiero? ¿Guiar o que me guíen? ¿Mandar o que me manden? ¿Alumbrar o que me alumbren? Porque liderar no es ni más ni menos que "hacerse cargo", dos palabras tan sencillas…, pero que esconden detrás una gran simbología. Hay que ser muy valiente para hacerse cargo de los problemas, de las situaciones, de las empresas y sus resultados, pero sobre todo de los equipos, con lo que todo esto conlleva.

Comencé mi vida laboral como vendedor a la par que terminaba mis estudios, para ganar un dinerillo y costearme mis gastos, pero enseguida y antes de darme cuenta, el destino me colocó dirigiendo personas, conduciendo equipos de venta. Si me paro a analizar los motivos años después y desde otra perspectiva, la que me da la experiencia, detecto varios aspectos importantes. El primero, por lo que decían, es que yo era un buen vendedor, vendía mucho y conseguía buenos resultados. El segundo es que era un optimista empedernido, una persona muy positiva, y siempre creía que podía. El tercero era mi constancia y determinación. El cuarto consistía en que tocaba la emoción de las personas. Y el quinto, en que era capaz de comunicar y transmitir lo que hacía y cómo lo hacía a los vendedores. Juntando todos estos puntos, me di cuenta de que dirigir equipos y liderar podía tener que ver con:

1. **Predicar con el ejemplo.** No se puede pretender enseñar algo a alguien que uno mismo no haya hecho nunca o que no sepa hacer. Para transmitir algo, tienes que haberlo hecho tú antes (y muy bien), tienes que haberlo vivido; si no, huele a prestado. Las empresas están plagadas de supuestos CEO y líderes que no han estado nunca en el campo de batalla. Así es muy difícil saber lo que siente y necesita la tropa, tu ejército, tu equipo.

2. **Ser optimista y positivo.** Atraes lo que eres, lo que piensas, es la "Ley de la Atracción". Nadie puede hacer nada que crea que no va a conseguir. Saquemos *El Quijote* que llevamos dentro, ¿por qué no luchar contra los molinos de viento? Todos tenemos nuestros propios molinos. Todavía me sorprendo cada día con esta pregunta: ¿pueden existir líderes negativos y pesimistas? Y la respuesta es que sí. Desgraciadamente, conozco a muchos. Son una especie única con resultados mediocres, generalmente nacidos del enchufismo o puestos de confianza, pero ahí están.

3. **Constancia.** El éxito llega con un 10 % de talento y un 90 % de esfuerzo. No pares hasta que consigas lo que quieres. Si no es por arriba, por abajo; si no es por la derecha, pues por la izquierda. Siempre hay un camino, siempre hay esperanza, nunca te des por vencido, lucha por lo que quieres. La vida me ha enseñado que es muy difícil no conseguir algo cuando lo das todo.

4. **Emocionar.** "La emoción lleva a la acción". Mueve la emoción de las personas y moverás el mundo. Si solo hablas, no se acordarán de ti. Si les impactas, nunca te olvidarán. Si los emocionas, serán capaces de hacer cualquier cosa por ti.

5. **Transmitir.** Consiste en comunicar bien y, para ello, hay que hablarle al consciente de las personas, pero comunicar al inconsciente. Cada individuo es un mundo. Si quieres conquistarlas, conoce el mundo de las personas que lideras y háblales en su mundo, no en el

tuyo. De nada te sirve saber mucho sobre algo si no eres capaz de transmitirlo. El éxito o fracaso de la comunicación depende de los efectos que consigues con la misma.

Como podemos ver, aquí tenemos cinco cualidades que podrían ser las de un líder o un gestor de equipos. Todas están más relacionadas con la actitud que con la aptitud, y se pueden trabajar.

Estas eran mis armas de liderazgo, aunque como decía Groucho Marx: *"Estos son mis principios, pero si no le gustan, tengo otros"*, y cualquier líder podría decir: *"Estas son mis estrategias, pero si no te gustan, tengo otras"*.

En la actualidad, el liderazgo y la gestión de equipos se han convertido en una maraña de teorías y estudios de muchos años realizados por universidades prestigiosas, eruditos, magnates que han triunfado en los negocios y escritores afamados de *best sellers* americanos. Todo esto ha dado lugar a que las personas que quieran saber algo más de gestionar equipos tengan que hacer un máster para conseguirlo, por lo que tiran la toalla antes de empezar.

Seamos realistas: no disponemos de 5 horas al día para estudiar cómo ser un buen líder, no todo el mundo tiene el dinero o las ganas para cursar un máster de Liderazgo. Y no están en lo cierto algunas tendencias sobre el tema que afirman que "ser líder es como ser músico o matemático, hacen falta muchos años de preparación", porque si así fuera, se extinguirían como los dinosaurios.

Cualquier profesional puede ser mejor líder e incorporar hábitos que nos transformen y transformen a nuestros equipos. Liderar es gestionar los comportamientos humanos y entenderlos, saber tratar contigo mismo y con las personas de tu equipo en la dirección correcta y, para eso, tenemos que volver al origen y a la esencia de las relaciones humanas. Tenemos y debemos hacer más sencillo todo esto, hay que democratizar el liderazgo y basarlo en el sentido común. Todos podemos ser líderes, grandes o pequeños, del equipo de fútbol de tu barrio o de una gran empresa; la cuestión principal es si realmente quieres dirigir o simplemente prefieres que eso lo hagan otras personas y decides no complicarte la vida y delegar esa responsabilidad en otros. En determinadas ocasiones, solo te hará falta un empujón:

"Mucha gente ha llegado más lejos de lo que pensaba que podía llegar porque alguien más pensó que podía hacerlo".

Zig Ziglar

Lo que es evidente es que no hay nada peor que ser líder por obligación, por casualidad o por descarte (ya que no había otro disponible…). Esto es lo que más daño puede hacer al propio líder obligado, a sus equipos y a las empresas, porque están abocadas al más absoluto caos; es como si un conductor de autobuses, un policía, o yo mismo, operara a un paciente de corazón a vida o muerte: los resultados serían predecibles…

Para ser honesto, llevo muchos años gestionando equipos, y liderar no es una bicoca, sino más bien un embolado, ya que no es nada fácil. A mí me gusta, y a lo mejor no sé hacer otra cosa. Si lo miramos desde otra perspectiva, es mejor mandar a que te manden, pero siempre he pensado que ser jefe (o mando intermedio, que al final es lo que somos todas las personas que gestionamos un equipo, dado que tenemos personas por arriba y por abajo) es como ser un equilibrista.

El equilibrista

Me imagino al líder como un equilibrista en un alambre que une dos edificios a 200 m del suelo y sin red debajo, tan solo con una pértiga para mantener el equilibrio. Nuestra misión es salir desde el inicio, que sería el comienzo del año, el ejercicio u objetivo anual; y la meta, llegar al otro extremo, que se correspondería con el final del año o del ejercicio. Si llegas, habrás conseguido el objetivo anual que te han marcado; y si te caes, seguramente te matas.

Empezamos a andar por el alambre con una pértiga, y en un extremo de esta está nuestro equipo, nuestros subordinados, y en el otro extremo encontramos a nuestros jefes jerárquicos, la empresa y sus intereses; ya empezamos a tambalearnos, pues unos hacen fuerza para un lado y los otros para el contrario, por lo que nos empieza a costar mantener el equilibrio. Por otra parte, está el alambre sobre el que caminamos, que es el mercado, y su estabilidad depende de los precios, la competencia, las leyes, la macro y microeconomía, pero al fin y al cabo no para de moverse, el aire lo balancea sin parar. Nos encontramos en medio de todo, teniendo que mantener el equilibrio. La pértiga se tambalea hacia todos los lados; el alambre, más aún. El viento no cesa, cada vez vemos más lejos la meta y, para más inri, la mayoría de los inconvenientes no dependen de nosotros y, ¿cómo no?, empieza a llover. Solo tenemos dos opciones: mediar con todo y llegar a la meta sea como sea, o caernos y matarnos… Despido fulminante.

"Solo hay dos tipos de líderes: el que acaban de echar y el que está a punto de que lo echen", porque ser líder es vivir en la cuerda floja.

En multitud de ocasiones, ejercemos el papel del "líder contra todos", lo que nos llevará a recibir por doquier y a tener que aguantar el tipo como podamos. Es en estas situaciones donde demostramos realmente de qué madera estamos hechos, porque para ser líder, hay que pagar un peaje que requiere equilibrio y serenidad ante la adversidad. Sin embargo, no todo vale, y siempre está en nuestra mano lo que cogemos o rechazamos de los demás.

El regalo

Buda estaba transmitiendo sus enseñanzas a un grupo de discípulos cuando un hombre se le acercó y lo insultó con intención de agredirlo. Ante la expectación de los allí presentes, Buda reaccionó con absoluta tranquilidad, permaneciendo quieto y en silencio. Cuando el hombre se fue, uno de los discípulos, indignado por tal comportamiento, le preguntó por qué había dejado que aquel extraño lo maltratara de ese modo. Él respondió con serenidad: *"Si yo te regalo un caballo, pero no lo aceptas, ¿de quién es el caballo?"*. El alumno, tras dudar un instante, respondió: *"Si no lo aceptara, seguiría siendo tuyo"*.

Buda asintió, y le explicó que, aunque algunas personas decidan gastar su tiempo regalándonos insultos, nosotros podemos elegir si aceptarlos no, como haríamos con cualquier otro regalo. *"Si lo coges, lo aceptas; y si no, el que te insulta se queda con el insulto en las manos"*.

No podemos culpar al que injuria, porque es decisión nuestra aceptar sus palabras en lugar de dejarlas en los mismos labios de los que salieron.

Cuando estaba en el último año de carrera (Dirección de Empresa y Actividades Turísticas, porque en un principio quería ser director de hotel o de agencia de viajes), recuerdo que hice dos meses de prácticas en un hotel como ayudante de recepción, que no era ni más ni menos que de botones.

Empecé con la esperanza de aprender el oficio de recepcionista, pero nada más lejos de la realidad, ya que prácticamente no me dejaron oler la recepción, ni sus quehaceres. Mis funciones principales eran las de chico multiusos: cargar las maletas de los autobuses y subirlas a las habitaciones, limpiar los baños, barrer el garaje, limpiar la cocina, recoger las bebidas de las mesas de las zonas comunes y, ¿cómo no?, vaciar los ceniceros. En resumen: "chico felpudo". Pero esto no era lo malo, lo peor era que todo el mundo me mandaba: la directora del hotel, los recepcionistas, los jefes de cocina, la gobernanta, el manitas que lo arreglaba todo… Yo era el último mono y, además, descargaban su furia e incompetencia conmigo. Todo el mundo quería mandar y mandarme en ese hotel, todos discutían, y el ambiente era tóxico, cada día lloraba alguien.

Acababa de conocer el "liderazgo de ensañamiento", donde el más fuerte aplastaba al más pequeño día tras día y este aguantaba por la necesidad imperiosa de trabajar y llevar el sustento a sus casas. Esto me enseñó varias cosas: cuando no manda patrón, mandan los marineros; pero el problema es que ellos no son líderes, no saben, ni les gusta, y esto abre las puertas del infierno. Una cosa es liderar para ayudar; y otra, para machacar. Y en este escenario, el que está abajo del todo en la jerarquía es el que más galletazos se lleva. A partir de esta experiencia, tuve bien claro que quería ser jefe y no aguantar a incompetentes o, al menos, al menor número posible, pero además intentaría ser un buen líder y no hacerle la vida imposible a los demás por el mero hecho de dañarles. También decidí que no me temblaría el pulso, y que quitaría la mala hierba allí donde la encontrara, cosa que me ha acarreado muchos problemas en mi vida laboral, pero de lo que estoy orgulloso, porque esto se llama "principios" y "justicia".

Ser gestor de equipos implica una gran responsabilidad. Puedes llevar al cielo o al infierno a las personas, puedes impulsarlas o destruirlas, pero no solo a las personas de tu equipo, sino también a sus familias, a su entorno y las esperanzas de todos ellos.

"El liderazgo no se trata de títulos, posiciones o diagramas de flujo, sino de una vida que influye sobre otra".

John Maxwell

Se ha descubierto que nuestro sistema límbico (emocional) es un "circuito abierto", lo que supone que otro individuo puede llegar a cambiar nuestras emociones. Los científicos lo describen como "regulación límbica interpersonal" mediante la cual una persona transmite señales que pueden alterar los niveles hormonales, las actividades cardiovasculares, el sueño e incluso funciones inmunitarias en el cuerpo de otra persona. Eso se ha podido comprobar en estudios llevados a cabo en unidades de cuidados intensivos. Según esto, la influencia de un líder puede ser maravillosa o letal. Entendamos que tenemos más peso y poder del que pensamos, y que cada gesto o palabra puede dañar o sanar. Por tanto, "exígele lo máximo al profesional, pero cuida y respeta siempre a la persona".

No queramos emular a nadie, tomemos consciencia de que no hay dos líderes iguales, ya que un líder es una persona con sus experiencias, circunstancias, formación, su forma de ser, y no hay dos personas iguales. Así pues, no existe una única teoría de liderazgo que sirva para todos, ni una mejor que otra. Hay un liderazgo que envuelve a las personas y a los equipos, y ese es el liderazgo que tenemos que desarrollar: congruente, veraz, espontáneo e integral.

El liderazgo y la gestión de equipos imperfectos es un libro lleno de acción que te llevará a la meta del liderazgo por el camino más corto, sin laberintos ni cortinas de humo, una guía que te dará las claves para ser mejor dirigente y mejor persona sin que tengas que dejarte el dinero y la dignidad por el camino. No hace falta que nadie se enriquezca a tu costa para que tú puedas ser un poquito mejor y hacer mejores a tus equipos, sean cuales sean. Vamos a desgranar lo que realmente funciona con las personas y los equipos, para que cualquiera pueda llevar a cabo un neuroliderazgo basado en el sentido común.

"Lo que cuenta en la vida no es el mero hecho de haber vivido. Son los cambios que hemos provocado en las vidas de los demás los que determinan el significado de la nuestra".

Nelson Mandela

Todo lo que hacemos en este mundo, al menos en parte, debería servir para ayudar a los demás y poner un granito de arena para el bien común. Con esta obra, pretendo aliviar la desesperación y frustración que genera pilotar equipos y no saber hacia dónde virar en multitud de ocasiones. Si ya es complicado dirigir nuestra propia vida personal y profesional, ser responsable de la de un grupo de personas es muy complejo, y genera demasiada incertidumbre y estrés, sobre todo el no saber lo que hacer o no tener respuestas a muchos problemas. Con esto, también hablo en nombre propio y con conocimiento de causa. Muchas noches sin dormir, llevándome los problemas a casa, hasta que encuentras el equilibrio y te das cuenta de que la respuesta, en la mayoría de las ocasiones, está mirando hacia dentro.

A veces, solo leyendo un libro se puede adquirir más conocimiento que en tres años de estudio, y es lo único que nos protege de la ignorancia. Dirigir sin formarte es peligroso, te obliga a creer en lo que te digan. Lee y relee este libro varias veces, estúdialo, razónalo, interiorízalo, y te darás cuenta de que no hay paja para que el árbol te impida ver el bosque.

"Un pueblo ignorante es un instrumento ciego de su propia destrucción. Nuestras discordias tienen su origen en las dos más copiosas fuentes de calamidad pública: la ignorancia y la debilidad".

Simón Bolívar

¿Por qué liderazgo envolvente y gestión de equipos imperfectos?

"Necesitamos líderes que nada más verlos sepamos que algo va a suceder".

Liderazgo envolvente

"Ningún hombre es lo suficientemente poderoso y sabio para gobernar a otro hombre sin el consentimiento de este".

Abraham Lincoln

La mayoría de las personas no trabajan por placer, lo hacen para sobrevivir. Los tres pilares ancestrales de la supervivencia, grabados a fuego en nuestros genes desde la prehistoria, son alimentarse, tener seguridad y la obtención de placer, lo que conlleva la ausencia de dolor. Todo lo que hacemos en la vida está marcado por estos tres parámetros, incluido el trabajo, que es un medio, y no un fin, para las personas. Es vital que no obviemos esto en la gestión de equipos, porque si los tratamos solo como meros empleados, responderán como tales. Cuando dirigimos equipos, estamos guiando a personas. Los trabajadores no son esclavos, son voluntarios y adultos, por lo que tenemos que conocer su dimensión humana; no podemos disociar al trabajador del ser humano. Un miembro de un grupo es mucho más que un número, una estadística o un ratio de venta. Nuestros empleados son personas, y así deben ser tratados. Y, para ello, tenemos que conocer sus partes esenciales, trabajar el liderazgo envolviendo y rodeándolas todas. Hay que dedicarle tiempo al individuo, porque esa será la mejor inversión de todas.

Todo ser humano es un equilibrio perfecto entre cuerpo, mente, emociones y espíritu, y desde este enfoque hay que basar la relación para seducirlos, no para invadirlos. Si no profundizamos en ellos y en su interior, envolviendo todas sus partes, difícilmente podremos generar equipos de alto rendimiento, y mucho menos sacar lo mejor de nuestros colaboradores. Será como tener un deportivo que alcanza los 250 km/h y solo conducir a 80 km/h en un circuito de carreras.

Las cosas importantes en la vida, como el amor, la amistad, la lealtad o la familia te envuelven, te llenan, te rodean, son tan cruciales que afectan a todos los aspectos de tu vida y tocan la emoción. Por lo tanto, si queremos ejercer un liderazgo pleno y efectivo, tiene que envolver y emocionar, ha de ser un liderazgo completo de 360 grados, no podemos ser líderes para unas cosas y para otras no, no podemos ser líderes en lo bueno y jefes en lo malo. El liderazgo envolvente funciona de forma progresiva, poco a poco, con detalles, mira más allá del exterior del trabajador, profundiza en su interior, y es sutil pero eficaz.

Un líder no se mide tanto por los resultados como como por su forma de envolver al equipo para desarrollarlo, inspirarlo y protegerlo. Tenemos que desapegarnos ya de los resultados y centrarnos más en el proceso; de esta forma, los frutos serán mejores y más consolidados en el tiempo. Cierto es que necesitamos una materia prima de relativa calidad, porque tenemos lo que pagamos, y nuestra empresa no siempre podrá permitirse profesionales *top* en cada puesto. A grandes retos, grandes profesionales; a pequeños retos, pequeños profesionales, pero eso no va a impedir que cumplamos nuestra misión.

Pensemos en Fernando Alonso: es uno de los mejores pilotos de Fórmula 1 de la historia; pero, aun así, cuando no ha tenido un buen coche, no ha podido ganar ningún campeonato, aunque con esfuerzo, talento y dedicación sí ha obtenido la victoria en muchas carreras con los peores automóviles de la parrilla. Tenemos que pasar tiempo mejorando el chasis, los neumáticos, el motor, tenemos que pasar tiempo desarrollando y mejorando a nuestros colaboradores. Las personas y los equipos, al igual que los vehículos, también se estropean; y esto no debe ser motivo para arrojarlos al desguace, sino más bien tiempo que debemos dedicar a repararlos para que estén en óptimas condiciones. El líder tiene que ser el mecánico emocional de su equipo: es muy fácil ganar cuando todo funciona, lo complicado es ganar cuando hay averías, y créeme: los equipos se averían (y mucho). Si tienes equipos modestos, mejóralos para que ganen carreras; si tienes grandes equipos, vete a por el campeonato.

Estoy absolutamente convencido de que todas las personas están capacitadas para adaptarse, cambiar y mejorar. Para ello, tenemos que manejar dos indicadores clave: por un lado, ellos deben querer; y por otro, nosotros tenemos que ser capaces de apretar la tecla adecuada.

La metáfora de la gravedad

El sistema solar es el Sol y todo lo que gira en órbita alrededor de él. Esto incluye los nueve planetas y sus lunas, numerosos asteroides y cometas. Todos son sostenidos en su propia órbita alrededor del Sol por una fuerza invisible. Los planetas están en un constante movimiento que va perfectamente armonizado con el de los demás, sin llegar a interferir, gracias a algo que no se ve, pero que es determinante para el equilibrio y la supervivencia de sistema, algo que hace que los planetas no choquen entre sí, y esto es la gravedad: una fuerza invisible que actúa sobre todo y sobre todos de forma velada, sutil, y que hace que todo fluya, perdiendo el protagonismo en pos del sistema. Y eso es el líder envolvente: la fuerza de la gravedad de las empresas. Así pues, podríamos definir "liderazgo envolvente" como una fuerza invisible que hace que todo encaje y funcione a la perfección en la teoría del caos empresarial. El líder no interviene innecesariamente. La presencia del líder se siente, pero con frecuencia el grupo continúa por sí mismo.

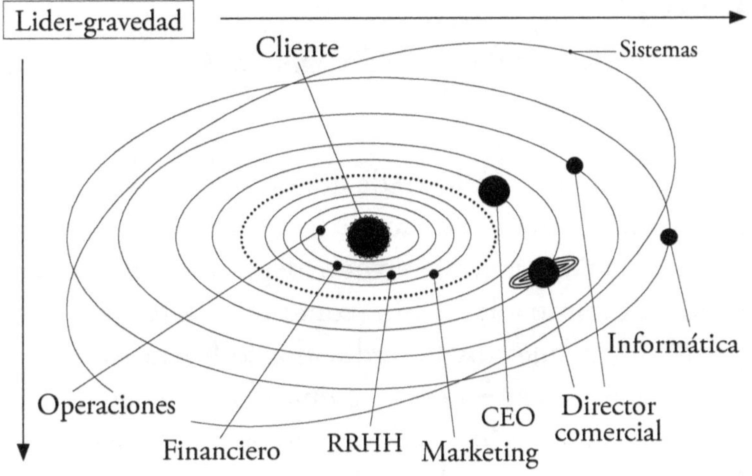

Liderazgo envolvente

Las partes que debo cuidar de mis equipos

"A las personas, a partir de los 40 años, se les ve el alma en la cara".

Todo lo que nos da y nos quita la vida se va dibujando en nuestro rostro, y no podemos ocultarlo. Lo que sí podemos es identificarlo, entenderlo y manejarlo como líderes, y siempre teniendo en cuenta que cada persona es un cúmulo de experiencias y está librando su propia batalla.

Para ejercer un liderazgo envolvente, es trascendental mirar de forma holística a nuestros trabajadores y actuar en todos sus planos y dimensiones, que serían los siguientes:

El cuerpo

"La salud no lo es todo, pero sin salud todo lo demás no es nada".

El cuerpo es el vehículo desde donde vivimos, y envuelve lo que somos, es tu casa, donde habitas todos los días. Es fundamental cuidarlo al máximo: deporte, buena alimentación, descanso adecuado y, como líderes, tenemos que permitir que nuestros subordinados lo hagan. Ayudar a cuidar el vehículo de nuestros empleados hará que puedan rendir más a todos los niveles y con mejores prestaciones. No es lo mismo ir a trabajar siempre cansado, con prisas, estresado, siendo obeso o comiendo mal porque no tienen tiempo, que disponer de este para comer bien, desconectar y descansar.

Necesitan desconectar y realizarse; si fomentamos eso, ganaremos en productividad, porque el tiempo que estén, aunque sea menor, será mucho más provechoso y rentable.

La mente

"Trata a una persona como es y permanecerá como es. Trata a una persona como puede ser y podría ser y se convertirá en lo que puede y podría ser".

Stephen R. Covey

Es importante que permitamos pensar a los trabajadores, para eso tienen cerebro. Contrata a los mejores y déjales hacer lo que saben; si no, contrata jornaleros. Si confiamos en ellos y les permitimos proponer áreas de mejora, aunque se equivoquen y no funcionen, estaremos desarrollando su potencial; de lo contrario, estaremos creando un ejército de borregos. Lo mismo que en el colegio cuando educamos a nuestros niños, hay que tener en cuenta la "profecía que se autocumple": si tenemos expectativas positivas sobre un colaborador y así se lo transmitimos, este puede llegar a mejorar su desempeño. Si tenemos expectativas negativas y así se lo transmitimos, este empeorará. El poder de la confianza surte efectos milagrosos en la mente de las personas.

Hay un impulso inconsciente de seguir al líder. Esto se debe a la "teoría de las transferencias", que pueden ser paterna, materna y fraterna, según Michael Maccoby, psicoanalista, antropólogo y consultor de empresas que sostiene que un trabajador puede percibir inconscientemente al líder como la figura de un padre que todo lo sabe, como una madre autoritaria pero fuente de amor incondicional, o como un hermano o hermana que no es necesariamente un modelo de buen comportamiento. Según esto, el líder puede manejar estos lazos de transferencia para llevar a su equipo a buen puerto y mejorarlo.

Las emociones

La emoción mueve el mundo y a las personas. El 80 % de las decisiones que tomamos en nuestra vida son emocionales, aunque luego las justificamos con la razón. En el trabajo, pasa lo mismo: como líderes, tenemos que ganar la emoción de nuestros colaboradores, porque si te valoran no solo por bueno, sino también por efectivo, lo darán todo por ti. Para ello, tenemos que pagarles parte del sueldo en "salario emocional": reconocer su trabajo, felicitarles, pedirles opinión, darles *feedback* sincero para que mejoren… En definitiva, hacerles sentir importantes y parte de la familia laboral.

El espíritu

"Considero que la motivación más potente que puede tener una persona es la de su propio desarrollo. Ese deseo de crecimiento nace del interior, pues la esencia del individuo se cimienta sobre el anhelo de evolución".

María Teresa Domínguez Rodríguez

No somos seres corporales con una vida espiritual, sino seres espirituales con una vida corporal. Un líder exitoso posee una gran comprensión psicológica y espiritual, es capaz de ver al trabajador e intuir su grandeza como persona. Necesitamos líderes que integren la espiritualidad de los equipos, no líderes que la capen tratándolos a todos como seres inertes o trabajadores en cadena. Todos los seres humanos necesitan encontrarle un sentido a sus vidas, y si los ayudamos a que la empresa y sus trabajos les realicen en este aspecto, multiplicaremos su motivación y su rendimiento, querrán morir por su empresa. Hay muchas ocasiones en que las que el trabajo es de los pocos lugares donde las personas se sienten realizadas, respetadas y acompañadas.

Derechos y obligaciones morales de los trabajadores

El *yin* y el *yang* se remonta a la antigua China, y representa la creencia de que todo en el universo está formado por dos fuerzas opuestas, pero, a la vez, complementarias. Esto debe ser extrapolable a la empresa y a los trabajadores. Todo miembro de nuestros equipos debe tener una serie de derechos y obligaciones, un *yin* y un *yang* que den lugar al equilibrio.

Por ello, el **yin de los trabajadores:**

- El trabajador tiene la obligación de dar lo máximo que pueda dar en su trabajo, no el máximo de los demás, sino su 100 %. Si recibes un sueldo, no es a cambio de tu mínimo esfuerzo.
- El trabajador tiene la obligación de separar lo personal de lo profesional.
- El trabajador tiene la obligación de tener disciplina y respetar los códigos, directrices y normas de su empresa o marcharse, pero nunca intentar destruirlos o esquivarlos.
- El trabajador tiene la obligación de estar comprometido y defender su puesto de trabajo.
- El trabajador tiene la obligación de pedir ayuda si no es capaz de realizar su trabajo.

Y el **yang de los trabajadores:**

- El trabajador tiene derecho a ser tratado con respeto y dignidad.

- El trabajador tiene derecho a ser diferente y a discrepar.
- El trabajador tiene derecho a que se le valore y a que se le escuche.
- El trabajador tiene derecho a pensar, a mejorar, a crecer y a desarrollarse.
- El trabajador tiene derecho a sentirse bien y a que le hagan sentir bien.
- El trabajador tiene derecho a equivocarse y a aprender de sus errores.
- El trabajador tiene derecho a que se le dé *feedback,* a ser corregido, sobre todo antes de prescindir de él o amonestarle.
- El trabajador tiene derecho a saber por qué se le paga, qué trabajo tiene que realizar y qué espera la empresa de él. Los verdaderos líderes no confunden a su equipo, les informan de forma sencilla acerca de la estrategia de la empresa y de lo que ellos tienen que hacer dentro de esa estrategia.
- El trabajador tiene derecho a conciliar su vida laboral y profesional, es decir, puede y debe tener vida privada.

Para desarrollar el liderazgo envolvente, nos basaremos en los siguientes principios:

1. Gestión de lo improbable. Que algo no sea probable no quiere decir que no vaya a pasar, por lo que tenemos que estar preparados para todo. Como dice el "liderazgo cuántico": no establezcamos modelos rígidos de gestión, ni modelos estáticos.

2. Gestión de lo imperfecto. Nada en la vida o en la empresa es perfecto; cuanto antes lo entendamos, mejor. Nuestros empleados nunca serán lo que queremos, y les encontraremos muchos defectos. Ahora está en nuestro tejado poner el foco en lo bueno o en lo malo: podemos hacernos mala sangre pensando que la empresa o mi equipo hace aguas y está lleno de fallos, o centrarnos en lo bueno y mejorarlo.

3. Gestión de la incertidumbre. Confiemos en nuestras herramientas para lidiar con lo que vaya sucediendo, pero ante todo no paremos de aprender y de formarnos para lo que pueda venir. El futuro siempre es incierto, y tenemos que reaccionar rápido.

4. Gestión del cambio. "Lo único fijo en la empresa es el cambio", es casi obligatoria la adaptación constante y continua a este. O evolucionas o te estancas.

5. Gestión de las expectativas. La frustración procede del exceso de expectativas. No hay mejor antídoto para la expectativa que la aclaración inicial de las mismas, y para ello hay que dialogar y comunicarse, decir lo que hay realmente en cada situación. Por duro que sea, es mejor ser franco, aunque duela, que las consecuencias del engaño y la decepción.

6. Gestión del error. Permitamos equivocarse a nuestros empleados para que aprendan. No sembremos el terror que inmoviliza, y creemos espacios de seguridad y confianza donde el error esté permitido.

7. Manejo del cortoplacismo. Sobre todo en ventas o gestión de proyectos, porque, al estar siempre expuestos al "cortoplacismo" de los resultados, se genera mucha tensión. Forma a los equipos en la calma y la tranquilidad, con orientación a la calidad, servicio, mejora continua y planificación, como si no hubiera urgencias, aunque las haya; esto les dará mejores resultados y en menor tiempo. "Siembra tranquilidad en la tempestad".

8. Manejo del conflicto. El conflicto, bien gestionado, te ayuda a crecer. Negar el conflicto o huir de él es síntoma de personas inseguras y carentes de liderazgo. El conflicto es bueno si se sabe manejar.

9. Trabajar la diversidad. Cuanto más diferentes seamos, más aportaremos; distintos puntos de vista y distintos enfoques. Si queremos un ejército de pelotas que nos vitoreen cada vez que hablemos, eso es lo que tendremos. Hay que agradecer siempre a los que no están de acuerdo con nosotros: esos nos enseñan y nos hacen crecer.

10. Gestión del factor generacional. Puedes encontrarte en una empresa un equipo con chavales de 25 años, recién terminada la carrera, junto a personas de 45 contrastadas y consolidadas, y otras a punto de jubilarse. A todas hay que medirlas objetivamente por sus resultados, independientemente de la edad, pero no las podemos capitanear de la misma manera para sacar lo mejor de cada una. Aquí deberemos combinar todos

los estilos de liderazgo posibles con maestría: "Dejar hacer", *"Coach"*, "Coercitivo", "Colaborativo", "Autocrático", "Transformacional", "Democrático"… Cada uno en su momento y con la persona adecuada.

11. No puedes controlar la fuerza del mar o del viento. Coloca a cada uno en su puesto natural, en aquello para lo que ha nacido, en su talento. "Un pez nunca podrá ser el mejor en el aire, ni un pájaro en el mar". Ponle el elemento correspondiente a cada miembro y verás de lo que es capaz. No hay mala hierba, sino hierba en mal lugar.

12. Gestión de la diferencia. No hay nada más injusto que tratar igual a los desiguales. Utilicemos siempre la misma vara de medir, pero valoremos a cada cual por su esfuerzo y por lo que son capaces de conseguir. El que se escaquea, no propone y no se arriesga, no merece ser tratado igual que el que lo da todo por su trabajo. O dicho de otra forma: un pelota que basa su trabajo en la adulación no merece el mismo trato que un buen trabajador que se deja la piel cada día y da excelentes resultados.

Por último, y no menos importante, quisiera destacar una cualidad que a mí personalmente me cuesta un gran esfuerzo mental y que creo que es uno de los caballos de batalla más urgentes de resolver: "Toma de decisiones en la ambigüedad". Esta dificultad la encontramos cada día, ya que trabajamos en entornos donde no hay una respuesta correcta para todo, y eso nos lleva siempre a tener que decidir entre dos opciones, *a priori,* igual de validas: A o B, esto es, entre un candidato a un puesto u otro, entre despedir a un trabajador o darle una oportunidad, entre hacer una campaña de *marketing* u otra, entre ofrecer un producto u otro a un cliente. Para salir indemnes de esto, se requiere primero un perfil generalista: "saber un poco de todo y mucho de nada". Que seamos capaces de usar los dos hemisferios cerebrales para la toma de decisiones: el analítico y el creativo, tener un gran conocimiento propio, del entorno y de las interacciones complejas del mismo, acallar nuestro ruido interior, el estrés, y pensar con quietud y calma, porque la realidad es que nos la jugamos entre A y B, teniendo en cuenta que ambas opciones producen resultados muy distintos.

Gestión de equipos imperfectos

"Cuando nada es seguro, todo es posible".

Margaret Drabble

Una de las grandes verdades universales que podremos encontrar en este libro y que nos va a ayudar a desarrollar el verdadero liderazgo es darnos cuenta de que los líderes y los equipos son imperfectos por naturaleza. Asumir esto es el Santo Grial del liderazgo.

Si buscas como meta la magnificencia, no la encontrarás, y hará que no disfrutes del camino ni del arte de dirigir y guiar a los equipos.

Nos quieren vender la moto con el "liderazgo perfecto", teorías de lo que tiene que hacer un líder para ser el mejor y rozar lo sublime, pero nunca ha existido líder perfecto ni existirá. Todas las personas que gestionamos equipos hemos tenido raptos emocionales, decisiones equivocadas, hemos contratado a personas incorrectas, no hemos sabido gestionar ciertos conflictos, o incluso le hemos pegado tres gritos a un empleado, pero en eso consiste guiar; todo guía tiene momentos en los que se pierde y no encuentra el camino, no pasa nada, se retrocede y se vuelve a empezar.

Con los equipos sucede lo mismo. Tenemos que asumir que por muy bien que lo hagamos, siempre va a fallar algo o alguien. Me vienen a la mente ciertas frases del día a día que nos decimos todos:

"Pongo un circo y me crecen los enanos".
"Apago un fuego y aparece otro".
"¿Qué más podría salir mal hoy?".
"Si lo sé, no me levanto".
"Hoy hace un día maravilloso, seguro que viene alguien y lo fastidia".

Irremediablemente, es la ley de Murphy: "Si algo puede salir mal, saldrá mal", porque nuestra profesión es siempre "el más difícil todavía".

Somos personas trabajando con personas, y encontraremos la perfección en la imperfección de los equipos. Con los empleados, nos enfrentamos a:

- Envidias, que en muchos casos intentan camuflar la incompetencia de algunos para destruir a otros.
- Ego, que no les deja ver más allá de sí mismos, los pone en el centro, cuando el centro lo debe marcar la empresa, que es la que les paga.
- Conciliación de la vida laboral y personal. Esto es algo en lo que creo firmemente, pero a veces me siguen sorprendiendo algunas personas de mis equipos empeñadas solo en conciliar su vida personal; y si les sobra tiempo, ya irán a trabajar.
- Vacaciones inesperadas. ¿Por qué hay trabajadores que cogen las vacaciones cuando peor le viene a la empresa, cuando más venta, clientes o productividad hay y más los necesitamos? ¡Y qué casualidad que ya las tienen pagadas desde hace seis meses y no las pueden cambiar!
- Enfermedades o bajas más o menos justificadas. Es curioso cómo algunas personas pasan la gripe trabajando y otras con una semana de baja, siendo los mismos síntomas, o cómo enferman siempre en los puentes.
- Luchas de poder. Algunos trabajadores intentan ascender o crecer por méritos propios; y otros, destruyendo o calumniando a los demás. Las vías para llegar arriba no dejan de sorprenderme.
- Peloteos indecentes de personas que optan por alabar y adular a sus jefes en lugar de trabajar, queriendo tomar ventajas competitivas con el resto del equipo vía méritos estériles.
- Negatividad para todo. Hay empleados que llevan por bandera un *"no se puede, es muy difícil"* o *"que lo haga otro, yo no quiero, no me pagan para eso"*.

El líder actual tiene que ser un "restaurador", debe ir arreglando y mejorando constantemente todos los desperfectos que van surgiendo en su camino, recomponiendo al equipo en cualquier circunstancia, remendando los rotos. Las cosas solo funcionan en equilibrio o en el camino hacia el mismo, por ello trabajaremos constantemente en restaurar el equilibrio de las circunstancias y de los equipos, con la convicción de que la armonía no existe o dura poco. Por lo tanto, el equilibrio lo encontraremos en el camino del desequilibrio. Tener esto claro es vital, no nos hagamos falsas expectativas, ser líder es estar arreglando constantemente las cosas y ser un solucionador de problemas en potencia. En definitiva, asumamos la imperfección de los equipos y trabajemos con ella, que no significa asumir y trabajar con personas mediocres que no quieren, no pueden o no son capaces de hacer su trabajo, bien sea por inactitud o inaptitud, porque esto sí que arrastra al líder, al equipo y a la empresa.

"Es inmoral no despedir a los empleados que no pueden o no quieren hacer su tarea".

Hay responsables que lo permiten por evitar el conflicto y eludir el trabajo extra que le supone corregir estas actitudes o el tiempo que tienen que invertir para formarles. ¿Qué tipo de líderes queremos ser o queremos tener?

Al igual que los líderes nos enfrentamos a mil batallas con los empleados, ellos se enfrentan a no menos calamidades con nosotros que minan su confianza, por ejemplo, las siguientes:

- Los cambios superfluos. Solucionamos problemas graves y complejos con medidas ridículas e inconsistentes, maquillándolos en lugar de resolverlos.
- Los personigramas. Metemos a personas en los organigramas por enchufe, favores personales, o porque no hay otro sitio o cuesta mucho dinero despedirlos, y no por méritos, competencia o para ayudar a los equipos.
- La inconsistencia en la gestión. No hacemos nada de peso o de calado, las cosas que llevamos a cabo son insignificantes o efímeras, no provocan cambios ni mejoras.
- No predicar con el ejemplo. Pedimos a los demás justo lo que no hacemos. Por ejemplo, los jefes que piden dedicación y horas a su equipo y luego nunca aparecen o no están disponibles.
- El incumplimiento de compromisos. Mucho Power Point y pocos hechos, es decir, de cara a la galería prometemos que haremos muchas cosas y luego no hacemos nada.
- Los cambios basados en ocurrencias de última hora, sin ninguna planificación ni trabajo previo ni estudios que los avalen.
- La comunicación puntual y confusa. Ocultamos información a nuestros equipos o, simplemente, no los ponemos al día de los cambios, novedades o planificaciones futuras.
- El apocamiento de quien busca las metas por ser fáciles y no por ser valiosas.
- La cobardía de quien teme acometer los obstáculos.

- La falta de constancia y ligereza con la que se entusiasman por algo para luego abandonarlo.
- El dejarse llevar a capricho por las emociones y proponerse quimeras sin contar con medios, generando proyectos muertos antes de empezar.

"No me molesta que me hayas mentido, me molesta que a partir de ahora no pueda creerte y confiar en ti".

Friedrich Nietzsche

Es importante comprender que las personas que conforman los equipos de trabajo son iguales a uno, indiferentemente del título, cargo, género, etc. Iguales en el sentido de que es posible extender la empatía, comprender que tanto ellos como uno mismo tienen ego, creencias, deseos, necesidades, formas distintas de ver las cosas. Realmente todos somos iguales desempeñando cargos distintos. Esto nos puede ayudar a desarrollar la humildad, porque nadie es más grande que nadie, únicamente tenemos diferentes puestos y tareas dentro de la empresa.

Las nuevas competencias del liderazgo envolvente

"Lo que más impresiona de un líder es cómo trata a su gente".

Las competencias vitales que tiene que incorporar el líder del siglo XXI son las que guardan mayor relación con la parte humana y nuestra esencia como personas, es decir "las competencias intimistas". Una vez cubiertas el resto de las necesidades que apuntaba Maslow (comida, seguridad, trabajo, pertenencia a grupos), demandamos que se tenga en cuenta nuestra individualidad, singularidad y autorrealización laboral.

Aparte de todo esto, pedimos que los líderes tengan sensibilidad, un cierto halo espiritual, y nos conduzcan no solo a través del consciente, sino que controlen los aspectos inconscientes.

Las competencias determinantes en este sentido y que diferencian el liderazgo del siglo XX del del XXI y, por ende, al líder racional del envolvente serán la espiritualidad, la emoción, el dominio del inconsciente y, como nexo de todas ellas, el poder de la comunicación profunda para liberar todo el potencial de nuestros colaboradores.

Dentro de todas estas competencias, la más destacada es, sin duda, la inteligencia espiritual, que nos permite entender el mundo, a los demás y a nosotros mismos desde una perspectiva más profunda y llena de sentido; nos ayuda a trascender el sufrimiento, algo que solo se alcanza a través de la calma interna, del equilibrio personal. Nuestra inteligencia espiritual representa el para qué de lo que hacemos, es la que nos conecta con nuestra intuición, con nuestra voz interior. Cuando no la desarrollamos, nos sentimos insatisfechos y frustrados, porque esperamos que todo venga de fuera.

"El espíritu humano es más fuerte que cualquier cosa que le pueda suceder".

C. C. Scott

La espiritualidad engloba conceptos como la humildad, la humanidad, la compasión, la reflexión. La emoción conlleva empatía, conexión, sentimiento; y el inconsciente lo conforman la intuición, el poder de la atracción, la meditación, el control del pensamiento. Y, por último, el gran pilar de la "comunicación profunda", que obviamente no es saber hablar, sino transmitir, impactar, escuchar, respetar al otro y todas sus partes: cuerpo, mente, emoción y espíritu, pero sobre todo comunicación profunda para reducir los niveles de miedo e incertidumbre de nuestros equipos y despejar el bosque. A lo largo del libro, profundizaremos en estos conceptos y otros iguales de importantes, pero merece la pena pararse unos minutos a reflexionar sobre el siguiente gráfico.

A partir de estas nuevas competencias, tenemos que ser capaces de detectar y canalizar la fuerza y el poder de cada empleado para utilizarlo a favor de la empresa, del equipo y los objetivos. Como el aikido, un arte marcial centrado en la defensa en caso de agresión utilizando la fuerza del oponente en nuestro beneficio, nosotros tenemos que aprovechar la energía de nuestros trabajadores en la dirección correcta. Si la dirigen hacia nosotros o hacia lugares equivocados, debemos moverla hacia la zona apropiada. La potencia sin control no sirve para nada.

Nuevas competencias del liderazgo envolvente

Las partes del libro

Este libro consta de cuatro partes perfectamente diferenciadas. Es recomendable leerlas en orden, de la primera a la cuarta, ya que siguen un proceso natural y una evolución psicológica. Todo comienza en el interior. Los cambios, para que sean definitivos, van de dentro afuera, por lo cual nuestro primer trabajo tiene que ser interno, hemos de dirigirnos al núcleo de nuestro ser y hacer, y cuestionarnos por qué somos como somos y hacemos lo que hacemos, detectar los puntos erróneos y pulverizarlos, para renacer como un nuevo profesional del liderazgo.

Al final de los distintos puntos, hago una pequeña reflexión de su sentido, aunque cada uno puede darle el que estime oportuno. Lo importante es que cale hondo.

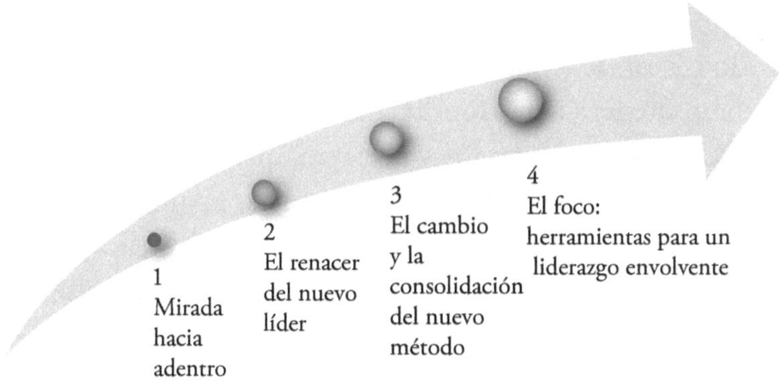

Partes del libro

Primera parte

Confrontando con nuestro líder interior

"Para saber cómo se comportan otras personas se requiere de inteligencia, pero para conocerme a mí mismo requiero de sabiduría".

Lao Tsé

El primer paso que debemos dar es, sin duda, el más difícil y complicado: tenemos que enfrentarnos a nosotros mismos, tomar consciencia de quiénes somos realmente como líderes, y quitarnos las máscaras y las caretas para ver y entender el punto exacto en el que estamos.

Todo gestor de equipos tiene su propio ADN de líder, un carné o credenciales donde constan todas y cada una de sus características, rasgos y acciones que lo definen en su experiencia como "jefe". En este carné, aparecen, por la parte frontal, todos sus méritos y logros, aquello por lo que sentirse orgulloso y, por la trasera, todas sus miserias y malas acciones, cosas de las que arrepentirse e incluso por las que agachar la cabeza. Estas son las credenciales que nos representan y, queramos o no, es lo que ven los demás de nosotros. Ahora no se trata de juzgarnos ni de lapidarnos, es cuestión de reescribir las credenciales que nos identifican como líderes, de modificar nuestro ADN cambiando los genes negativos. Para ello, es importante eliminar las secuelas del día a día, la inercia laboral, pararnos a pensar y chequearnos a fondo, aunque duela, y solo así nos daremos cuenta de los siguientes aspectos:

- Vamos a trabajar como pollos sin cabeza.
- El 90 % del tiempo lo dedicamos a apagar fuegos, y no nos paramos a pensar, y mucho menos a planificar, que debería ser lo importante.
- Priorizamos siempre el bienestar y la calidad de vida personal frente a las necesidades de los equipos.
- No hacemos organización semanal, y mucho menos diaria, de nuestro trabajo.
- Tenemos un guía y jefe que es el ego.
- Somos los reyes de la monotonía, y solo innovamos cuando nos toca cambiar de corbata.
- Pocas veces salimos de la zona de confort, por miedo o por pereza.
- Nuestros equipos quieren los puestos que desempeñamos para trabajar menos, vivir mejor y ganar más dinero, que es a lo que creen que nos dedicamos, no para aportar un plus a la empresa.
- Predicamos lo contrario de lo que hacemos.
- Somos previsibles y nos aburrimos a nosotros mismos, ¿cómo vamos a inspirar a los demás?
- No nos enfrentamos a los problemas, y dejamos que se pudran.
- A la mayoría de nuestros conflictos les faltan conversaciones y horas de escucha activa.

- Estamos más preocupados por la reputación propia que por actuar.
- Nuestra comunicación genera confusión y malentendidos.
- Explotamos a los equipos y les traspasamos parte del trabajo que nos corresponde, asfixiándolos.

Ahora, si visto lo anterior, nos vemos reflejados en todo o en parte, debemos hacernos sangre y entonar el *mea culpa*. Nos tiene que doler, para abandonar nuestra actitud octogenaria, cansada y monótona, y pasar a una que contagie entusiasmo e inspire a quienes dirigimos. O salimos de la UVI del liderazgo o llevaremos a nuestros equipos y empresas a la destrucción. Por lo tanto, el primer paso será trasladar al enfermo a urgencias para conocer qué parte de nuestro liderazgo está indispuesta y poner soluciones drásticas. Desde este momento, estamos en la UVI, y veremos si al final del libro somos capaces de pasar a planta o darnos de alta.

> **Hasta que no seamos conscientes de lo que estamos haciendo mal y nos enfrentemos a ello, de nada valdrá lo que hagamos para mejorar. Para poder cambiar, hay que querer cambiar y, sobre todo, tener un porqué y un para qué.**

"Cuando deseamos tan intensamente que nos reconozcan, vivimos para satisfacer las expectativas de otros y perdemos la libertad".

Ichiro Kishimi

Cómo se forja un líder

"En pocas palabras, un líder es una persona que sabe dónde quiere ir, se pone de pie y va".

John Erskine

En mis investigaciones sobre el liderazgo y los factores que generan líderes, he profundizado en algunas teorías que claramente pueden dirigirnos hacia estas lindes. No por coincidir con ellas serás un líder, pero muchos de los grandes líderes las comparten.

Según James MacGregor Burns, una autoridad en el mundo del liderazgo, hay factores comunes en la infancia de las personas que las pueden predisponer hacia este. Por un lado, suelen tener un afecto muy intenso con uno de sus progenitores (padre o madre) y una relación sentimental negativa con el otro.

Sigmund Freud advirtió: *"He llegado a la conclusión de que las personas que saben que son preferidos o favorecidos por sus madres manifiestan una peculiar confianza en sí mismos y un optimismo indestructible: elementos ambos que llevan al éxito a sus poseedores".*

Amancio Ortega dice: *"He tenido como referencia la bondad de mi madre y de mi abuelo Antonio. Mi madre era excepcional, todo el mundo la quería de manera extraordinaria. A mí, por ser el pequeño, no solo me quería, sino que me tenía por alguien especial. Gracias a ella no tengo un solo mal recuerdo de la niñez".*

Es de una lógica aplastante pensar que si te hacen sentir especial y querido en la infancia (y más teniendo en cuenta que la personalidad se gesta en los seis primeros años de vida) y, además, es por la más importante de tu mundo, tu madre, esto te hará sentir un ser especial, te forjará una personalidad arrolladora y te llenará de autoestima. En definitiva, te dará superpoderes.

Otro punto en común que une a la mayoría de los líderes es el hecho de haber pasado por experiencias duras y desagradables y haberlas superado. Suelen ser personas que no han tenido precisamente un camino de rosas, sobre todo en su niñez, y a las que la vida las ha golpeado duramente: muerte de sus padres, abandonos, pobreza extrema, malos tratos por parte de uno de sus progenitores, aunque fueran el favorito del otro. Han aprendido a fluir en las adversidades, se manejan bien en medio de las tempestades, ya que se han forjado en ellas. Nada las altera: ni los problemas, ni las situaciones desfavorables, ni la mala suerte, y cuentan con un gran dominio de sí mismos, por lo que decimos que *"el líder se mide en la adversidad"*; cuando todo va sobre ruedas, cualquiera es bueno. Al final, los problemas nunca son fáciles, es él el que se hace más fuerte.

Los líderes también son personajes insatisfechos. Esta actitud inconformista los lleva a querer mejorar siempre, evolucionar y experimentar, y nunca dejar de aprender. Vuelven loca su zona de confort, y se ponen a prueba constantemente.

Pero, ante todo, lidera sin pedir permiso, sin miedo, no deja los asuntos importantes en manos de los demás o del destino, y afronta los retos y se pone a la cabeza para recibir los primeros golpes.

"Un líder no posee cualidades que el resto de los mortales no posea; la diferencia es que en algún momento ha 'encontrado' un propósito que le sirve para focalizar toda su energía y que actúa al igual que un faro en el mar, guiando el fin que encauza cada uno de sus pasos".

J. Erskine

"Los dos días más importantes de tu vida son el día que naciste y el día en que descubriste por qué".

Reflexiona en torno a los cimientos que sustentan tu liderazgo, conocer las raíces te puede ayudar a construir un edificio más resistente y duradero.

Analizando a los jefes que han pasado por mi vida: enseñanzas y "desenseñanzas"

"Existen dos tipos de líderes: los reductores, que son aquellos que se ven rebasados por su propia inteligencia y acaban inhibiendo el desarrollo de su equipo laboral, y los multiplicadores, quienes utilizan todos sus recursos (inteligencia y conocimiento) para desarrollar el potencial de todo el personal de la empresa".

Liz Wiseman

Liderazgo imperfecto de carne y hueso

"Dentro de nosotros hay una parte de todas las personas que han pasado por nuestra vida y nos han aportado en un sentido u otro".

Haciendo un breve repaso por mis más de veinticinco años de trayectoria profesional y, analizando a los jefes que he tenido y lo que me han aportado, puedo decir que ha habido de todo: buenos, malos y regulares (más de los últimos, siendo sincero). Me viene a la cabeza la primera empresa seria en la que empecé a trabajar después de estudiar y en la cual tuve al mejor jefe, dos que me enseñaron mucho cuando ya había perdido las esperanzas; y también una de las últimas, donde di con el peor.

El bueno y sus enseñanzas

El mejor líder que he conocido era una persona muy segura de sí misma, un gran comunicador, alegre, despierto, rápido... Transmitía especial entusiasmo cuando hablaba, infundía seguridad y valentía y, fundamentalmente, un sentimiento de que todo era posible. Era capaz de mover la energía de las personas, y recuerdo que lo admiraba por su solidez y su cercanía a la vez. Hablaba verdades, te enseñaba, te pegaba duro, pero al mismo tiempo te acompañaba. Era distante a la par que cercano, en un equilibrio casi perfecto, capaz de sacar lo mejor de cada uno. Y muy exigente, pero también un espejo donde siempre te querías mirar.

Cuando comencé a trabajar en esta empresa de *telemarketing* (venta telefónica), tuvimos un periodo de formación de tres meses en la central de Madrid con él, y lo veíamos a diario. Una vez terminada, nos destinaron a diferentes ciudades de España, y solo manteníamos el contacto telefónico. Aquí aprendí una cosa muy importante de él: tenía un gran magnetismo en el tú a tú, pero por teléfono era capaz de transmitir las mismas sensaciones, motivando y apretando a partes iguales. Aunque las lecciones más importantes que me enseñó y que me marcaron profundamente eran dos, y estaban por llegar.

Llevaba ya unos siete meses en la empresa, y cuatro aproximadamente en mi nuevo destino. Como trabajábamos lejos de donde vivíamos, en ciudades distintas, nos pagaban la estancia en un hotel toda la semana, y precisamente yo trabajaba en una sala del mismo lugar donde me hospedaba dirigiendo un equipo de venta telefónica compuesto por unas veinticinco personas. Un fin de semana que yo no estaba, invité a dos amigos a quedarse en mi habitación, con la mala suerte de que hicieron una fiesta y al marcharse dejaron la estancia hecha un desastre, incluso con desperfectos; tanto es así que se pusieron en contacto con mi jefe desde la dirección del hotel con una queja formal sobre lo sucedido. Yo temía lo peor, incluso que me despidieran, pero recuerdo que el mismo lunes me llamó después de la jornada de trabajo para conversar sobre los reportes del día (como siempre), y me dijo que tenía que hablar conmigo de algo muy importante, ya que lo había llamado la dirección del hotel. En ese momento, yo creí morir, pero ¿cuál sería mi sorpresa cuando empezó a reírse a carcajada limpia haciendo bromas sobre si había montado allí un fiestón el fin de semana sin invitarlo? Fue capaz de llamarme la atención sobre lo sucedido con sentido del humor, pero dejando muy clara la situación, lo que me impactó profundamente, ya que, de haberse tratado de otra persona, habrían saltado chispas por el teléfono, y la cosa hubiera sido muy seria.

> **1.ª enseñanza:** *"Para corregir, no hace falta destruir"*. Hazlo cuidando la relación y dejando claro el error y su solución.

La segunda lección tuvo lugar unos tres meses más tarde. Cuando empecé a trabajar en mi destino, tenía a mi cargo un equipo de unas veinticinco personas con unos históricos de resultados muy malos. Tras tres arduos meses de faena con ellos, nos convertimos en los primeros de

España, pero eso dio lugar tensiones, y a que algunos miembros a los que no les gustaba tener que trabajar más y mejor (y lo que es peor, salir de la zona de confort) se aliaran con el resto para intentar eliminarme y volver así al escenario inicial del esfuerzo mínimo y los resultados pobres.

Recuerdo como si fuera ayer la llamada de mi jefe. Me dijo que mi equipo se había puesto en contacto con él porque querían que me echaran. Me quedé de piedra, ya que era mi primera experiencia y lo estaba dando todo; además, los resultados eran muy buenos, los mejores históricamente. Me tranquilizó y me aseguró que él me apoyaba a muerte, que estaba al cien por cien conmigo, con mi trabajo y con mis resultados, y que les había contestado que yo era su líder, que el que se quisiera marchar que lo hiciera.

Ahí me demostró su gran entereza y fortaleza como líder, apoyando a su equipo en lo bueno y en lo malo, defendiendo la verdad y la justicia, y no dejándose amedrentar por unos garbanzos negros que lo único que pretendían era trabajar lo mínimo posible y arrastrar a todos sus compañeros. Esta reacción de mi jefe me empoderó y me reforzó como líder, me demostró que hay que apostar por la verdad y por el buen trabajo, aunque haya mareas en contra. Si no hubiera actuado así y se hubiera dejado doblegar por estos elementos negativos, me habrían asestado una estocada definitiva, y más teniendo en cuenta que era mi primer cargo serio como líder.

Tras esta muestra de apoyo y confianza total por su parte, no paramos de mejorar, y nos convertimos en los primeros de doce sucursales de España ese año.

No todo líder es capaz de reaccionar como él, cosa que tuve la ocasión de comprobar años más tarde, ya que la mayoría se acobardaría ante la rebelión o el motín de un equipo contra su jefe, y lo más fácil (aunque injusto) es cortarle la cabeza al entrenador. Esto debe hacernos reflexionar:

"Que una opinión sea compartida por muchos no quiere decir que no sea errónea".

"Los ignorantes, por ser muchos, no dejan de ser ignorantes".

Benito Jerónimo Feijoo

Los de carne y hueso que me hicieron volver a creer

El duro

Tras las crisis de 2008, venía tocado de algunas malas empresas y peores jefes, pero en aquellos momentos era lo que había; no teníamos mucho donde elegir, la prioridad era trabajar.

Llevaba un año como responsable comercial, vendiendo formación, y me llamó una gran empresa por un currículum que había enviado. Fui a hacer la entrevista, y ahí cambió todo. La última de todas la realizó el que sería mi jefe durante varios años. Cuando lo vi, encontré en él a una persona diferente, segura de sí misma, con las cosas muy claras y cercana. Su aspecto no era el del típico jovenzuelo salido de la universidad, sino una persona con sus años, pero en buen estado físico y mental. Digamos que con un aura especial, había algo que atraía, pero también algo raro en él, imponía respeto.

Fui seleccionado, tuve un periodo de formación de dos meses durante el que poco supe de él y, cuando empecé a trabajar en el campo de batalla, estuvo dos días enteros conmigo. Era una persona sin remilgos y sin tapujos; te decía lo que pensaba, pero a la vez te dejaba reflexionar y preguntaba. La verdad es que te hacía sentirte importante, pero marcaba el terreno solo con su tono de voz y su mirada. Tenía un entendimiento profundo de cada situación, y no dudaba, mezclaba sabiamente la caña con la risa: de repente, podías estar trabajando muy serio con él al 200 %, y al instante te estabas desternillando de risa. Durante estos días, tuvimos la confianza para hablar de todo, incluso de los temas personales, y pude darme cuenta de que era muy exigente en el trabajo, pero también muy humano. Exigía el máximo a nivel laboral y, a la vez, se acercaba, pero te marcaba una barrera.

Saltaba a la vista que era un personaje peculiar, pero muy bueno en su trabajo y, aunque muy recto y te llevaba al límite, se hacía querer, y me reía mucho con él. De esas personas a las que las llamabas por algo muy grave e importante, totalmente desesperado por una situación, y era capaz de darle la vuelta a la tortilla, quitarle hierro y hacer que te carcajeases por sus comentarios.

> **1.ª enseñanza:** *"La virtud está en el punto medio entre la risa y el palo. Tan importante es el respeto por el trabajo y los compañeros como el buen humor y la confianza".*

Trabajamos juntos seis meses, durante los cuales aprendí mucho de él, pero la vida dio un giro inesperado y hubo un reajuste de plantilla donde nos despidieron a 70 % de los mandos intermedios. Después de haber dejado mi anterior empresa por este puesto, estaba muy decepcionado y enfadado, pero me llamó a los diez días y me ofreció otro puesto con él como jefe, a lo que accedí encantado.

Aunque era un cargo inferior, por lo menos seguía trabajando y con posibilidad de volver a crecer: así me lo tomé, y afronté el reto. Lo primero que me dijo en mi nuevo puesto fue: "Tienes dos o tres meses para vender y sacar esto adelante, o estás en la calle". Claro, podéis imaginar la presión que esto suponía. Me lo advirtió entre serio y con media sonrisa, como siempre, pero yo sabía qué sería lo que sucedería.

A medida que pasaba el tiempo, yo era más autónomo y obtenía mejores resultados, por lo que cada vez incidía menos en mi trabajo. Gracias a esto, me dejó toda la responsabilidad, respetando mis decisiones e iniciativas. Digamos que fue soltando la cuerda según comprobaba que yo respondía.

Como jefe, se alejó, pero siempre estaba ahí para cualquier problema que surgiera o cualquier marrón gordo. Recuerdo una época en la que tenía muy revolucionado a todo el equipo y programé una reunión con ellos un martes a las nueve de la noche. No había avisado a mi jefe para que viniera, y el día antes le pedí que me acompañara. Aunque no se lo había comunicado con tiempo y vivía a tres horas de mi lugar de trabajo, cambió su agenda y fue a apoyarme. Seguramente llegó a su casa ese día a las dos de la madrugada.

Cuando llevaba ya un año en mi puesto de trabajo y había cumplido con todos los objetivos que me marcaron, le trasladé mi inquietud por recuperar el que tenía antes de la reducción de personal. Podía haberme dado largas para que me quedara unos años más, pero me ayudó en todo lo que pudo para que fuera promocionado.

> **4.ª enseñanza:** *"Un buen líder desarrolla a sus colaboradores, y no les ponen barreras para crecer. Retener el talento y no dejar crecer los árboles es de malos jardineros".*

La motivadora

Después de ser promocionado de nuevo, me enviaron a otra zona de España, y aquí me topé con otra jefa digna de mención. Era una persona muy activa y nerviosa, con muchas ideas y muy rápida mentalmente. *A priori,* no tenía un perfil muy marcado de líder, más bien era cercana, y no aparentaba todo el buen hacer que tenía.

Al ser una ametralladora de ideas y de acciones, siempre aprendías, y había alguna que te impactaba. Yo apliqué muchas suyas, y me dieron muy buenos resultados.

Tenía una gran capacidad de trabajo, dirigía casi media España, y siempre estaba para todos. No sé cómo lo hacía. Supongo que trabajando 18 horas al día, ya que la sentías cerca en todo momento. Lo que más me impresionó de ella era lo que apoyaba a sus equipos, siempre iba a muerte contigo para lucharte unas comisiones, para conseguir algo especial a un cliente, para que la empresa te enviara un regalo si era tu cumpleaños… Cualquier cosa que te ayudara la luchaba a muerte con sus jefes y con la central, siempre sabías que estaba de parte de su equipo más que de la empresa.

Otro rasgo muy particular era que se desvivía por darte visibilidad en la central y de cara a los jefazos. Si hacías algo bien, te mandaba a la central para que lo compartieras con los directivos, no intentaba apuntarse tus tantos ni ocultarlos. La mayoría de los jefes luchando para tapar las cualidades de sus empleados y ella luchando por destacarlas.

El malo y sus "desenseñanzas"

"La incompetencia es tanto más dañina cuanto mayor sea el poder del incompetente".

El peor jefe que he sufrido era una persona seria y poco comunicativa. Lo que más me llamó la atención cuando lo conocí fue el poco magnetismo que tenía como líder, y la poca ilusión que transmitía; una de esas personas a las que dirías que no le gusta su trabajo y se le nota.

Yo soy de los que piensa que nadie puede motivar a otros, sino que son estos los que se deben motivar a sí mismos. Yo traía la motivación de casa, pero parece que se esforzaba constantemente por desmotivar.

Lo primero que percibí en él fue un liderazgo ausente, es decir, se limitaba a dar instrucciones, muy claras, eso sí, pero no estaba nunca, ni se le esperaba. Es más, a veces decía que iba a hacer algo importante y luego no aparecía, y ponía excusas como: *"Estoy malo"*, *"Estoy de viaje"*, *"Estoy muy liado"*, *"Hazlo tú"*. Pero lo que más me llamó la atención es que si tenía que hacer algo extra por ti, no lo hacía, ya que decía que él no pedía excepciones (por ejemplo, un aumento de sueldo, o que te dieran una comisión si habías cumplido el 99 % en lugar del 100 %), porque si las pedía, cuando tuviera que pedirlas, no se las iban a dar. Y yo me preguntaba: "Si no pides excepciones, ¿cómo te las van a dar?". Claramente, era por varios motivos: cobardía, quedar bien y ahorrarse trabajo.

De este jefe aprendí mucho también, más que nada lo que no se debe hacer, que no es poco, por lo que a sus enseñanzas las llamaré "desenseñanzas".

La primera "desenseñanza" importante, por el gran impacto que tuvo, fue la siguiente: llevaríamos unos seis meses trabajando juntos cuando tuvimos que dar una noticia muy mala y de gravedad a los trabajadores de mi equipo, que eran unas cien personas. Hubo un error en central que afectó económicamente a toda la plantilla e hizo que cobraran menos dinero ese mes. Como todos sabemos, a un trabajador se le puede tocar todo menos el bolsillo, y por ello este tema era muy delicado y requería ser tratado de una forma impecable.

Un pilar básico en la gestión de equipos es ser claro con ellos e ir siempre con la verdad por delante; y si hay malas noticias, darlas lo antes posible. Este tema era conocido desde primeros de aquel mes, pero mi jefe me lo comunicó casi a finales; y, además, en lugar de ser él, como líder máximo de todos los equipos, el que bajara al barro e informara de aquello, metió la cabeza en la arena como un avestruz, dejándonos a mis compañeros y a mí con todo el "marrón". Esto generó un gran malestar y desmotivación, y dio lugar a una gran desconfianza de todo el mundo hacia la empresa. Tengo que aclarar que en el resto de la zona los máximos responsables lo hicieron mucho antes, y ellos mismos, y los efectos negativos se redujeron en un 75 %.

1.ª **"desenseñanza":** *"Nunca engañes a tu equipo, porque esta es la forma más fácil de perder su confianza; y si la pierdes, ya nunca la recuperaras".*

2.ª **"desenseñanza":** *"Si no das la cara por tu equipo y no eres valiente en los malos momentos, pierdes tu condición de líder y su respeto".*

A partir de aquí, y como podréis imaginar, para mí perdió todo el respeto como líder y pasó a ser un gestor, que es lo que realmente era, sin más florituras… Un gestor de Excel, no de personas.

Otro rasgo que lo caracterizaba era que se apuntaba los logros de los demás y culpaba de los fallos al resto del equipo. Un gran redactor de *e-mails* a la central para quedar bien y apuntarse todos los tantos, y un estratega para echar balones fuera en los problemas e inconvenientes que iban surgiendo o, como decimos en el argot, "un trepa magistral". Recuerdo una reunión en la cual llegó a decir que si la zona iba mal era por mi culpa y la del resto de mi equipo, cuando él era parte de este y tomaba el 100 % de las decisiones conmigo, ya que todas estaban consensuadas por los dos. Aquí lo lógico hubiera sido decir que la culpa era de todos, no de todos menos él.

Por último, y la más grave de todas las "desenseñanzas" de este pseudolíder, y para poner la guinda al pastel de lo que no se debe hacer, al igual que me sucedió con el buen líder que comentaba anteriormente, se dio una situación similar: no estábamos llegando al objetivo marcado por la empresa, y tuve que apretar el acelerador varios meses, lo que mi jefe conocía de antemano. Esto provocó que hubiera cierta tensión en el equipo y que, al pedirles más compromiso y resultados, algunos se molestaran y se pusieran en contacto con él para que este los amparara y, si era posible, librarse de mí. ¿Cuál sería mi sorpresa cuando, en lugar de defenderme y defender mi trabajo, se limitó a comprarles la excusa del bajo rendimiento, poniéndome como el culpable y desautorizándome en varias decisiones? Esto dejó al descubierto su cobardía y poco sentido común, aparte de su torpeza como líder.

4.ª "desenseñanza": *"Si le compras las excusas a los equipos negativos y quemados, eres parte de ellos. La cobardía al final acaba quemándote"*. Un líder que vende a su equipo por una moneda de oro es un oportunista. No se puede liderar y ser cobarde, no se puede liderar y venderte al mejor postor. O te arriesgas o te quemas, o lo apuestas todo o no vales nada.

"Un líder mediocre, antes de llegar arriba, vuela bajo el radar para no despertar suspicacias, es maestro en el arte de hacer la pelota y, sobre todo, en practicar el 'divide y vencerás'".

Carmen Posadas

"Si quieres lluvia, tendrás que aguantar el barro".

"Hay líderes que dejan huella y otros que dejan cicatrices". De todo el mundo se puede aprender algo, no desperdicies las enseñanzas que te ofrece la vida y las personas que se cruzan en tu camino, ellas te harán mejor y más sabio. Cualquiera puede enseñarnos algo valioso, solo hay que estar atento y observar. Las experiencias, tanto las buenas como las malas, son excelentes profesores. Valora al que te ayudó y dale las gracias al que te dañó.

Los diez mandamientos del liderazgo envolvente

"Un líder es un repartidor de esperanza".

Napoleón Bonaparte

"Cuando el esfuerzo se convierte en una costumbre, el éxito se convierte en una constante".

Steve Jobs

Si tuviera que elegir los diez principales componentes del liderazgo, sin duda serían estos que explico a continuación, porque aglutinan el saber milenario y la experiencia universal del arte de dirigir personas.

Después de realizar un estudio concienzudo y de preguntar a una gran cantidad de empleados, si le hacemos una encuesta a cualquier trabajador y le pedimos que nos explique cómo le gustaría que fuera su jefe, seguramente todas o gran parte de sus peticiones las encontrarías en:

Los **diez mandamientos** del liderazgo envolvente son:

1. **Honestidad:** dar las malas noticias siempre al instante. Sinceridad, decir la verdad, aunque duela: *"Las mentiras destruyen la confianza".*

2. **Flexibilidad:** liderar con mil caras, envolver cada situación. Adaptarse a cualquier escenario. Ser versátil, tener diferentes caminos para llegar a la meta. Eliminar las creencias limitantes.

3. **Espiritualidad:** trabajar con las personas de forma holística: cuerpo, mente, emoción y espíritu. Mostrar sin prejuicios tus sentimientos. Conocer la esencia de cada empleado y su individualidad. Ser compasivos.

4. **Justicia:** premiar lo bueno, castigar lo malo, porque no hay nada más injusto que el trato igualitario a los desiguales. Actuar con objetividad y meritocracia.

5. **Ejemplaridad**: predicar con el ejemplo, nada desanima más que decir una cosa y hacer la contraria. El líder el primero.

6. **Valentía:** tener capacidad para afrontar los conflictos, nunca ocultarse. Saber reconocer las debilidades, pero centrarse en las fortalezas. Contar con una marca personal diferencial, con una fuerte resiliencia.

7. **Serenidad:** dedicar tiempo a pensar. Ante cualquier conflicto o problema, siempre contrastar todas las partes. Tomar decisiones con la cabeza fría, con control emocional.

8. **Pasión-Emoción:** ser apasionado hagas lo que hagas, porque nada se contagia más que el entusiasmo, los equipos somos emociones con patas.

9. **Humildad**: alejar el ego lo máximo posible, porque el mérito debe ser para el equipo. Ser accesible y escuchar, ante todo. *"La humildad no consiste en ser pequeño, consiste en ayudar a otros a ser grandes"*.

10. **Agilidad:** tener presente que el éxito no está en saber, sino en hacer. Primero hazlo y, si hace falta, luego pide perdón. Mostrarse ágiles en el cambio y rápidos en los movimientos.

Sé equilibrado, es mejor hacer poco y bien que mucho y mal. Lo malo arrastra o anula lo bueno, céntrate en ir mejorando cualidades con constancia y método, evita las montañas rusas, trabaja por conseguir una línea uniforme. Ve siempre adelante, siempre avanzando.

La inteligencia emocional y el liderazgo

"El que no es capaz de liderarse a sí mismo, jamás podrá liderar a otros".

"Cualquier persona capaz de enfurecerte se convierte en tu capitán".

Epícteto

Como comento en mi primer libro (*El método NOE*), las emociones son fundamentales en la vida, en la venta y para la dirección de equipos. Todo es emoción, y todo pasa por ella. El líder debe tener una gran sensibilidad para detectar las emociones individuales de cada miembro de su equipo y la emoción conjunta del mismo, la grupal, además de un control impecable de las suyas.

Manejo de las emociones

Podemos distinguir entre los siguientes tipos de emociones según su influencia:

- **Individuales.** El jefe tiene que ser un gestor de emociones, coger las de cada uno y llevarlas hacia el lugar donde los empleados puedan dar su 100 %.

  "El liderazgo se sirve de las emociones y las orienta en la dirección apropiada".

- **Grupales.** Dentro de los equipos, se dan las emociones particulares de cada miembro y una conjunta que se contagia y se comparte.

  "En una organización, el emisor emocional es el individuo más poderoso, y marca el estado emocional de resto".

  Daniel Goleman

- **Control emocional del líder.**
  "Un líder lleva a la gente a donde nunca hubieran ido solas".

  Hans Finzel

Imagina que estás en la alta montaña y que el guía de vuestro equipo desaparece. Os habéis perdido, y eres el único que puede guiar al grupo a través de senderos encrespados y de extrema dificultad, con poca comida y agua. Además, no conoces el camino correcto, y sabes que, si no llegáis al campamento en varios días, los compañeros de expedición empezarán a fallecer por el frío y el hambre. Si tú, como guía, expresaras lo que sientes: miedo, angustia, soledad, parálisis, inseguridad, ganas de llorar, flaqueza…, esto los arrastraría al caos, al conflicto, a la desesperación y la muerte segura. Sin embargo, si el guía se muestra confiado, con buen humor, decidido y con fuerza, el grupo le respondería y lo seguiría, convencido de un desenlace feliz.

Un líder le contagia su estado emocional al equipo. Esto lo puede hacer incluso sin hablar, con el lenguaje no verbal y, sobre todo, con las neuronas espejo. Un dirigente no puede decir lo que siente y piensa en cada momento, debe ser un actor emocional con un guion claro y aprendido, un controlador de sus propias emociones, porque liderar es también "interpretar un papel y seguir el guion que te ha dado la empresa y por el que te paga".

El gran impedimento por el que no se logran los objetivos es la falta de poder, concretamente de poder sobre las emociones de cada uno de nosotros: desilusión, miedo, culpa, tristeza, enfado, etc. Son tóxicas, contaminan nuestro ser interior y nos impiden avanzar.

"El autocontrol es fuerza. La calma es maestría. Tienes que llegar a un punto en el que tu estado de ánimo no cambie en función de las acciones insignificantes de otra persona. No permitas que otros controlen la dirección de tu vida. No permitas que tus emociones dominen tu inteligencia".

Morgan Freeman

Con las últimas tendencias del "buenrrollismo" en las empresas, nos estamos confundiendo: a un líder no lo tienen que querer, lo tienen que valorar. Parece que, en estos tiempos, si no te quiere todo el mundo, eres un mal jefe, y esto no es así; seguimos mezclando lo personal con lo profesional. Un liderazgo con inteligencia emocional es aquel que controla las emociones, que trabaja con las emociones de su equipo, pero no para que lo adoren o lo amen. Si lo hacen, mejor, pero mientras te respeten, te valoren y aportes, eres un líder, entre otras cosas, porque un líder satisface las necesidades de su equipo, no sus deseos o caprichos: *"Nunca mendigues el amor y la aceptación de tu equipo"*, esto debe ser una consecuencia, y no un objetivo.

Me gustaría proponer cosas muy sencillas al alcance de todos, porque nada nos cuesta darle un abrazo a un trabajador que está hecho polvo o llorando por un problema personal, darle un día libre a alguien que se desvive por la empresa y nunca pide nada a cambio, felicitar a alguien que se ha esforzado, aunque el trabajo no haya sido perfecto; y también permitir que tus trabajadores, llegado el momento, puedan desahogarse contigo, dedicándoles treinta minutos de tu tiempo, invitarles a un café fuera del lugar de trabajo, conseguir que cobren el variable algún mes que se hayan quedado a las puertas pero que su trabajo haya sido encomiable, no hablarles de trabajo todo el rato, y preguntar con sinceridad cómo se encuentran, tratar con ellos temas que les gustan o apasionan.

En fin, pensar un poquito más en ellos y menos en nosotros, pequeños gestos que nos hacen grandes: ese es el camino de la emoción.

Controla tus emociones, y que no te controlen ellas a ti; utilízalas sabiamente y con las personas adecuadas. No se trata de no tener emociones, sino de tener las correctas. *"Dirige con la cabeza, pero lidera con el corazón".*

Segunda parte

El despertar del nuevo líder. Moldeando a nuestros equipos

"Vacía tu mente. Sé amorfo, sin límites, como el agua. Si pones agua en un vaso, ella se transforma en vaso; si la pones en una botella, se transforma en botella; si la colocas en una taza, se transforma en taza. El agua puede fluir o también golpear. Sé como el agua, mi amigo".

Bruce Lee

El líder es como el agua. Como el agua, el líder es flexible. Al igual que el agua llega limpia y fresca a todas las criaturas y a todos los lugares, hasta lo más profundo, el líder debe trabajar en cualquier parte y con cualquier persona, esparciendo sosiego y esperanza, adaptándose a todos y a todo.

Una vez que nos hemos confrontado como líderes y dejado atrás nuestros viejos comportamientos, miedos y miserias, una vez que hemos llorado la camiseta, estamos preparados para cambiar, pasar a la acción, probar cosas diferentes y retadoras, e ir incorporándolas a nuestro nuevo ADN. En este punto en el que hemos hecho el clic definitivo para permutar y evolucionar, tenemos que centrarnos al 100 % en nuestro equipo, fluir con él, mimetizarnos, bailar al mismo son. Solo así podremos ser el cambio que queremos, porque somos, ni más ni menos, que lo que son capaces de hacer nuestros equipos.

Independientemente del punto en el que te encuentres o de tu experiencia, te aseguro que si tienes en cuenta y aplicas todos o algunos de los puntos que veremos a continuación, la gestión de tus equipos mejorará exponencialmente a la par que tus resultados.

Salir de la torre de marfil

"Es importante que el pueblo sepa que yo ando entre ellos".

Abraham Lincoln

En este aspecto, podemos hablar de Abraham Lincoln, considerado uno de los mejores presidentes de Estados Unidos. Cuando llegó al poder, el país estaba dividido y lleno de odio, pero superó la crisis de la guerra de Secesión, evitó la separación de los EE. UU. en Norte y Sur, liberó a los esclavos y preservó la unidad federal. Creció siendo pobre, y vivía entre el pueblo; pocas veces podía encontrárselo en su despacho. En la guerra de Secesión, siempre permanecía al lado de los miembros de su gobierno, de los militares o del pueblo, y dijo sabiamente: *"Dedicar tiempo a los subordinados y conocerlos supera montañas de diferencias personales y sentimientos mezquinos".*

Nos estamos acostumbrando a dirigirlo todo desde nuestros despachos, ayudados de los grandes avances tecnológicos: teléfonos móviles, internet, videoconferencias, tabletas, ordenadores. Todo esto nos hace creer que estamos en el campo de batalla, cerquita de nuestros empleados, pero nada más lejos de la realidad: es un espejismo, y la verdad es que estamos cada vez más lejos y creamos un abismo entre ambos, porque el liderazgo es un deporte de contacto.

Tenemos que salir de nuestros castillos, de nuestros búnkeres, de nuestra torre de marfil, para estar cerca de los que dirigen nuestros negocios; y estos no son otros que los soldados, los que están en el campo de batalla, los que tienen contacto directo y diario con nuestros clientes, los que saben qué es lo que falla, lo que falta, cuáles son los problemas reales, y lo que se necesita para triunfar.

Esto nos lleva al "estilo de liderazgo itinerante". Necesitamos estar al lado de los que tienen la información, al lado de nuestro equipo, en la calle, en la tienda, en la sucursal, en la unidad de negocio, allí donde se libra la batalla entre el cliente, el mercado y la empresa. Tenemos que estar cerca de nuestros trabajadores, de sus vidas, de sus preocupaciones, de sus problemas, de lo que pasa en sus casas, de sus alegrías.

Desde que dirijo equipos, siempre he intentado visitar a todos sus componentes asiduamente, todas las semanas. Aunque solo pudiera estar con ellos diez minutos o una hora, es el tiempo más provechoso de mi trabajo, y sé que a ellos les gusta, les hace sentirse importantes, rompe con su monotonía del día a día. Esto genera una gran confianza con los colaboradores, y se recoge una información muy útil y valiosa, aparte de que así se conoce el lado humano de la persona, con sus defectos y sus virtudes.

Pero, sin duda, lo que he aprendido de esto es que nuestros trabajadores, comerciales, dependientes…, en definitiva, los que están a pie de calle, se sienten solos, descolgados de la empresa, a la que ven como un ente "la central", "la oficina". Lo único que quieren es que les prestemos atención un instante, sentirse comprendidos y parte de algo. Solo hay que escucharlos un rato, sin hacer nada, con cariño, sinceridad e interés, haciéndoles sentir importantes. Esto vale más para ellos que cien conferencias de motivación o veinte reuniones en "la central".

Estar siempre al lado de nuestros equipos de calle entraña también un riesgo, y es que se pierda la objetividad al estar inmerso en el fragor de la batalla. Bajemos al barro, pero tomemos las decisiones con la cabeza fría y haciendo gala de una visión global.

La vida está en la calle, sal de la cueva e invierte tiempo en conocer a tus liderados: su vida, sus inquietudes, sus problemas, sus esperanzas. No eres administrativo o funcionario. En tu despacho estarás protegido, pero si sales de él, protegerás a tus equipos.

Eliminación fulgurante de los garbanzos negros

"Un optimista ve una oportunidad en toda calamidad, un pesimista ve una calamidad en toda oportunidad".

Winston Churchill

Hay una especie que convive en las empresas a expensas de otros cuan aves carroñeras o parásitos, que actúan como un virus, y son capaces de destruir todo un ecosistema, toda una empresa y a sus integrantes. Son una especie fácilmente detectable, pero difícil de erradicar.

Estamos hablando de los garbanzos negros o los empleados negativos, para los que quejarse es tan reconfortante precisamente porque les excusa de asumir la responsabilidad por sus pensamientos y acciones. Todo el mundo cree que los puede reconducir, controlar, que los puede doblegar, pero no es así, créeme.

O los destruyes o te destruyen. Sobreviven gracias a la rotación de sus jefes, al "buenrrollismo" de los mismos, a su falta de valentía, o porque cuesta mucho dinero despedirlos (conozco bastantes empresas cautivas de sus trabajadores más veteranos por este motivo), pero te aseguro al 100 % que te costará más del doble mantenerlos. Es como el que tiene esperanzas de que un cáncer no avance, de que se quede quieto, paralizado, algo que desgraciadamente solo ocurre en un 0,002 % de los casos.

Desmontando a la oveja negra

"La 'excusitis', la 'diferiritis' y la 'vaguitis' son las enfermedades del fracaso".

En muchas compañías hay un líder elegido por la misma y otro oculto, con influencia en el resto del equipo y que los tiene cautivos. No hablamos del líder natural, sino del pseudolíder quemado que arrastra al resto del equipo y lo confronta con el orden normal de las empresas. Utilizan como señuelo eso de que "la unión hace la fuerza" para esforzarse menos y ganar más.

Este pseudolíder trabaja en la sombra, es adicto a la queja, busca atajos, escondites, subterfugios, tergiversa y lía… Todo con el fin de trabajar menos, más cómodo, tanto él como sus compañeros, en los que se refugia y a los que manipula para no quedar en evidencia. Va contra la empresa, y se alinea con los colegas con el fin de ayudarlos (supuestamente): menos curro, más sueldo. El inmovilismo y la inacción son su seña de identidad. Pero no se dan cuenta de que están mordiendo la mano de quien los alimenta, y de que, si la empresa no va bien, al final tendrá que cerrar y saldrán perdiendo todos. Luego están los parásitos. No son los más tóxicos, pero suelen desmoralizar a los otros compañeros si el responsable del equipo no actúa. Evitan las tareas complicadas, son propensos al absentismo y, cuando están en el trabajo, dedican ratos a conectarse a las redes sociales, comprar o mirar viajes por internet, o a charlar por teléfono con los compañeros.

Obviamente, lo primero será intentar ayudarlos y reconducir la situación. Si podemos conocer las causas de su actitud tan pasiva y favorecemos su motivación, quizás encontraremos opciones para el cambio de postura. De lo contrario, no deberían formar parte del equipo.

"Judas tenía al mejor líder, maestro, amigo y equipo; sin embargo, fracasó. El problema, en ocasiones, no es el liderazgo, sino la actitud, el compromiso y la lealtad".

Cualquier trabajador tiene derecho a no sentirse a gusto o a no estar de acuerdo con algo; la diferencia reside en cómo se afronta esto: *"Si algún aspecto no te convence, intenta cambiarlo o cámbiate tú, no eres un árbol".*

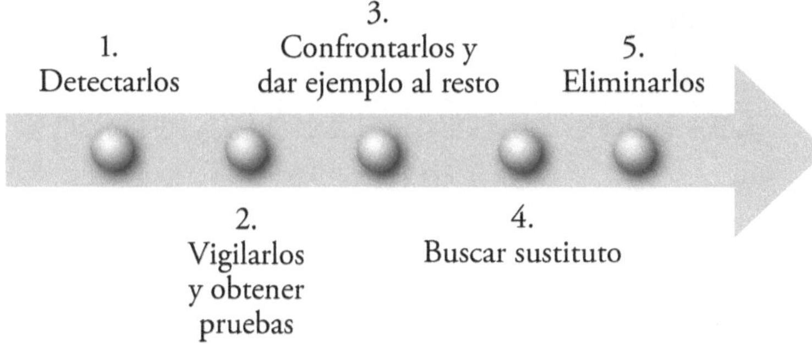

Pasos para combatir a los garbanzos negros

Solución: Mucha gente se esfuerza lo mínimo porque no se siente valorada o bien remunerada, y esa es su forma de vengarse. La actitud correcta es hacer siempre lo máximo, ya que así llegarás a ser recompensado. Lo que debemos tener muy claro es que si no hacen su trabajo, hay que apartarlos y hacerlo por ellos. No podemos quedar a merced de los resultados de este tipo de trabajadores mediocres, porque pagarán justos por pecadores; y de todos es sabido que, si un equipo de fútbol pierde muchos partidos, echan al entrenador, que es más fácil que despedir a doce futbolistas.

> **No somos conscientes del descomunal daño que puede hacer un garbanzo negro en nuestras empresas y equipos. Si lo supiéramos, no les daríamos ni siquiera la posibilidad de que existieran. ¿O acaso tendrías viviendo en tu casa, con tu familia, a un asesino en serie? ¿O la guardia forestal le permitiría a un pirómano llevar cerillas en el bosque?**

Las leyes sistémicas de la gestión de equipos

En la empresa actual, es preciso desarrollar la visión sistémica, ya no puedes seguir viendo la realidad a trozos, no basta con analizar el asunto que te interesa de manera aislada, debes entender también las interconexiones, la relación con los otros elementos y sistemas.

Un sistema es un conjunto de elementos interrelacionados; por lo tanto, un equipo es un sistema y, como todo sistema, tiene sus propias leyes, las cuales nos conviene conocer y dominar para poder evolucionar de grupo a equipo. Entender al equipo como un sistema que tiene vida, crece, se desarrolla, experimenta, sufre, ríe, se detiene, evoluciona… En fin, si no cuentas con esa concepción de que no son una cosa, una máquina, entonces tendrás solo el resultado y las limitaciones de tu concepción.

Las leyes sistémicas primordiales en la gestión de equipos son las siguientes:

1. Hay que trabajar directamente en la mente del equipo (sistema), y en cada uno de sus integrantes (elementos del sistema). Todo tiene un nexo, y debemos actuar consecuentemente.

2. Lo que le pasa a un miembro del equipo repercute en todo el equipo, pensemos siempre en los efectos que tendrá sobre el grupo.

3. El proceso del grupo se desenvuelve naturalmente. Se regula a sí mismo. No interfieras, funcionará solo. Los esfuerzos por controlar el proceso generalmente fallan, ya sea bloqueándolo o haciéndolo caótico.

4. No podemos eliminar a alguien del equipo sin más. Todo miembro de un equipo tiene derecho a serlo mientras esté en la empresa. Si un grupo le hace el vacío a uno de ellos, sufre todo el sistema.

5. El más antiguo tiene derechos adquiridos sobre los que llevan menos tiempo, pero nunca en términos de

competencia y resultado, esto se evalúa con independencia del tiempo que se lleve en la empresa.

6. Todos tienen derecho a recibir un trato justo y a ser medidos con la misma vara, aunque no a ser tratados iguales, ya que eso se hará en función de sus resultados y su actitud.

7. Debe existir una armonía entre el dar y recibir entre la empresa y el trabajador, entre el líder y el equipo, es decir, debe darse la Ley del Equilibrio.

8. Cada empresa y equipo establece sus jerarquías, las cuales hay que aceptar y respetar siguiendo la Ley de la Jerarquía.

9. La persona pierde protagonismo en favor del sistema, no puede ser un elemento aislado.

10. El jefe no hace el trabajo de los componentes de su equipo. Cada uno tiene su función, el líder coordina y facilita el trabajo, pero no hace el de los demás.

11. Cuando se daña al equipo, queda una cicatriz que nunca desaparece, solo podremos ganar la confianza de nuevo reconociendo el error y subsanándolo. Tus familiares y amigos perdonan y olvidan, pero tus empleados no.

12. Las personas no pertenecen a un sistema, sino a una red de sistemas. No solo pertenecemos a nuestros equipos,

también colaboramos con el resto de departamentos y compañeros que hacen posible que funcione la empresa. El personal de limpieza y el conserje también forman parte del sistema.

13. Todo es importante, pero no igual de importante: es la Ley de las Prioridades. Es crucial marcar un orden de prioridades para tener claro el trabajo, no podemos ni tenemos tiempo para pegar tiros al aire. Debemos saber dónde apuntar para acertar.

14. Todo equipo tiene una misión que realizar en conjunto (Ley de la Misión). Esto quiere decir que la falta de algún miembro del equipo, incluido el líder, nos les exime de su cumplimiento.

15. Se debe aplicar la Ley de la Aceptación, para reconocer y asumir lo que hay, lo establecido como norma en la empresa, y saber moverse a partir de esa premisa.

Ahora que las conocemos, hagamos gala de una mirada sistémica en la gestión de nuestros equipos, ya que todas nuestras acciones, por pequeñas que sean, tendrán eco en nuestros resultados.

Ves la luz cuando empiezas a percibir las situaciones en su conjunto, relacionando factores y personas, cuando abandonas los personalismos y la parcialidad. Todo influye en todo, cada cosa que hago tiene su eco en los resultados. Al final, todos los puntos se unen.

"El síndrome del pato"
Empoderar a nuestros empleados

"El compromiso no se negocia; de la conducta de cada uno depende el destino de todos, y este valor es sagrado".

Óscar Olivenza

"Las personas no hacen las cosas porque todavía no han encontrado sus porqués".

Hace unos días, fui a una tienda de ropa a comprarme un polo y, como eran las rebajas, me lo llevé a un buen precio, pero ¿cuál sería mi sorpresa cuando el mismo día que me lo puse se me rompió por la axila? En tres o cuatro trozos además, destrozado, como si lo hubiera utilizado dos años seguidos. Lo llevé de inmediato a la tienda muy enfadado, y la empleada me dijo que su jefe no estaba, y que ella no podía hacer nada. Le pregunté que dónde se encontraba, para hablar con él, y me explicó que fuera de la ciudad y que iba poco, que lo dejara allí y que ya me llamarían. Todavía sigo esperando a que lo hagan. Me quedé sin el dinero y sin la prenda.

Esto lo he vivido en multitud de ocasiones en mi vida. Son empresas que ponen a cargo a personas que actúan como verdaderos patos, sin ningún tipo de criterio o iniciativa y que, cuando hay un problema, solo dicen: "Cua-cua, cua-cua". Traducido: "Yo no sé, no está el jefe, es lo que me han dicho, yo no puedo hacer nada", "son las instrucciones de la central", "es lo que me permiten los sistemas", "no tengo atribuciones para autorizar esta operación".

Son frases que, sorprendentemente, seguimos escuchando los compradores una y otra vez. La razón es muy sencilla: falta de empoderamiento de los profesionales que se relacionan con el usuario, o lo que es lo mismo, la falta de agilidad y orientación al cliente.

Ellos no son los culpables, sino las personas o supuestos líderes que las han puesto ahí para que no piensen y simplemente actúen como autómatas, para que, ante cualquier imprevisto, se cortocircuiten y generen un ejército de clientes descontentos.

Los motivos pueden ser varios: el jefe que no deja actuar ni pensar a los trabajadores, y al que tienen que llamar hasta para ir a mear; el jefe puesto por el ayuntamiento y que, por lo tanto, no sabe por dónde se anda; el que quiere pagarle lo mínimo al empleado y coge al más barato; o que este último está amargado y no debería trabajar de cara al público, ya que solo transmite su mal rollo y negatividad.

Pero todo esto sale muy caro, y genera pérdidas ingentes tanto de clientes como de facturación. Hoy en día, no dar una solución en el momento, o lo que es lo mismo, no tener en cuenta la emoción y la experiencia de los clientes, no perdona, y te lleva al abismo, a la muerte de tu negocio.

No dejes que tus empleados destruyan a tus clientes, que son la materia prima del futuro de la empresa. No los dejes en manos de gente incompetente y desagradable que paga su frustración con los demás. ¿Cuántos ejemplos tenemos de bares, restaurantes, tiendas, gasolineras, administrativos, funcionarios, recepcionistas de negocios, donde entras, saludas con una sonrisa, te mira el empleado con cara amargada y ni contesta? ¿Estos son los equipos que queremos? ¿Luego te preguntas por qué va mal tu negocio? Nos cuesta sudor y lágrimas construir una empresa, y la dejamos en sus manos. Si no cambias esto, es mejor que le prendas fuego a tu negocio, porque te los están vaciando con premeditación y alevosía.

"Hay un solo jefe: el cliente. Y él puede echarlos a todos, desde el presidente de las compañías hasta la mujer de la limpieza, simplemente yendo a gastar su dinero a otro sitio".

Sam Walton, fundador de Walmart

Si queremos tener un equipo de alto rendimiento, necesitamos contratar a los mejores, empoderarlos y dejarlos pensar, no a los más baratos para que esgriman al menor problema un "cua-cua", "cua-cua". Empoderar es dar poder de actuación y de decisión, delegar, potenciar la iniciativa y la resolución de conflictos… En definitiva, es "estar totalmente tranquilo, aunque no esté el jefe". ¿Cuántos líderes darían un ojo de la cara por saber que, pese a su ausencia, el equipo va a funcionar igual o mejor que cuando está? Esto le reduce peso, presión y estrés al jefe, que podrá irse de vacaciones, estar y dedicar tiempo a su familia y ser una persona normal con vida privada, y además tener espacios para pensar y planificar en lugar de estar constantemente apagando fuegos.

Y eso solo se consigue desarrollando a tu equipo, incorporando talento a las empresas, gente con pasión, y dejándoles hacer lo que saben, en lugar de ir contratando y fabricando patos en cadena.

Descubre lo fructífero que un grupo o individuo bloqueado puede volverse repentinamente cuando decide dejar de intentar hacer solo lo correcto y empieza a arriesgarse a hacer lo mejor. El secreto está en tratar a los empleados como personas importantes, ya que como decía la Madre Teresa de Calcuta: *"Las personas necesitan más del aprecio que del pan"*.

Cuando le quitamos el alma a los empleados o les permitimos trabajar sin ella, se convierten en patos cuyo parpeo es el arma más potente que existe para hundir empresas y espantar clientes. Dale a cada uno lo que necesita para ser el mejor en su puesto. Fórmalos primero, y entrégales el poder después. Entonces, observa hasta dónde pueden llegar con él.

Liderazgo animal inclusivo

"La fuerza de la manada es el lobo, y la fuerza del lobo es la manada".

Rudyard Kipling, autor de *El libro de la selva*

Siempre he sentido debilidad por el mundo animal. Me fascinan sus sacrificios por el objetivo, (algunos lobos recorren más de 50 km al día para conseguir alimentos), sus instintos, su forma de arroparse y de protegerse unos a otros. Deberíamos observar con más atención su organización y liderazgo, seguro que podríamos adquirir un gran aprendizaje volviendo la mirada a lo sencillo y natural, a su hábitat y *modus vivendi,* a la manada. Se juegan la vida cada día; de sus decisiones y acciones depende su subsistencia. Y es aquí, en la sabana, en la selva, en la montaña, donde encontramos el "liderazgo de urgencia", donde cada decisión puede suponer la vida o la muerte. Los animales valientes, guiados por el instinto, la experiencia y el sentido común, guían a sus crías y a otros hacia la supervivencia, a arañar un día más de subsistencia.

Merece la pena conocer cuáles son sus códigos[1], así como las enseñanzas que podemos extraer a partir de ellos:

▶ El liderazgo hay que ganárselo, no lo consigue cualquiera. El líder dentro de círculos animales es aquel que cuenta con la mayor cantidad de experiencia; rara vez el cargo es heredado o impuesto, por lo que pueden ostentar perfectamente esta posición una hembra o un anciano, ya que no importa ni el género ni la edad.

Para que te sigan y confíen en ti, tienes que demostrar la fuerza y aptitudes necesarias. En la empresa, esto no ocurre habitualmente, por lo que se dan situaciones de desequilibrio entre el grupo y su líder por falta de credibilidad y confianza.

------

1. Según los estudios realizados por Jennifer Smith, científica del Mills College de California.

▶ El equipo lo es todo en el mundo salvaje, donde la acción colectiva es de suma importancia para la supervivencia de las especies.

Los ñus de la sabana africana se defienden de los depredadores en equipo; si no, morirían todos, uno a uno. El ataque de leones, guepardos y hienas sería mortífero para un ñu solitario, pero al defenderse todos juntos son capaces de repeler casi cualquier ataque. De ahí la importancia de trabajar en equipo: todos juntos somos más fuertes, diez cerebros son más que uno.

▶ Aprende a repartir responsabilidades. Un león puede dormir casi veinte horas al día y sentirse relajado. Esto se debe a su capacidad para delegar en el miembro correcto de su grupo y no encargarse de cada pequeño detalle. Cuando la tarea ha sido encomendada, el león sabe que se hará, y no se preocupará por el resultado o el fin de lo que sucederá.

Los leones son socios equitativos en el reino animal. Son bastante justos en compartir sus comidas no solo entre ellos, sino también con aves y animales de tipo carroñero. Si bien un león podría devorar fácilmente toda una comida, siempre dejan suficientes sobras para asegurarse de que su grupo y los que están fuera de él puedan disfrutarlas, evitando así luchas innecesarias o posibles represalias.

Como líder empresarial, debes recordar delegar y compartir los éxitos entre tus empleados. Si bien sería fácil quedarse con todos los méritos y los beneficios, no compartirlos con tu equipo puede resultar desastroso. Como el león comparte no solo con su grupo, sino también con los carroñeros, en este punto tenemos que mirar por todos, incluidos los proveedores externos y demás integrantes de la empresa, directos e indirectos.

El liderazgo del lobo alfa

Los lobos alfa no son tan agresivos como indica el estigma; no gobiernan con enojo o inculcando miedo en quienes los rodean, sino con una gentil serenidad y una confianza tranquila. Estar a cargo no tiene que ver con el supuesto gruñido y violencia del lobo alfa, sino con su actitud calmada, que los convierte en el líder fuerte que otros admiran, y gracias a lo cual se mantendrán leales hasta el final.

Hay un falso mito con el lobo líder muy fomentado en la actualidad. Los alfa no van al final de la manada, sino al principio, abriendo paso, guiando y facilitándole el camino a los demás. No es cierto que vayan los últimos, ni que los lobos enfermos viajen delante. Si se trata de sobrevivir o de conseguir los ambiciosos objetivos marcados por las empresas, no puedes dejar que marquen el ritmo los más débiles, ancianos o enfermos. A estos debes ayudarlos, pero el paso y el camino lo señala el más sabio y el más fuerte; es ley de vida: la Ley de la Supervivencia.

Hoy en día, un líder tiene que ser capaz de adaptarse a las circunstancias. Habrá momentos en los que deba ir delante, abriendo camino, facilitándole el paso a su equipo y encarando los problemas de frente, dando ejemplo; otros, en los que tendrá que delegar esa tarea e ir detrás, cuidando de que nadie se quede rezagado, cubriéndole las espaldas al grupo y empujando para avanzar; y otros, en el medio, animando y motivándolos a todos, ejerciendo de enganche entre los de delante y los de detrás.

A colación de lo anterior, recuerdo que un día le pregunté lo siguiente a un amigo montañero que intentó escalar el Everest y no lo consiguió por poco: *"En estas expediciones de montaña en las que te juegas la vida, como en la subida al Everest, ¿quién es el líder y cómo orienta a su equipo?"*. Y me respondió algo que nunca olvidaré: *"En principio, cualquiera puede llevar la etiqueta de líder de la expedición, pero al final la montaña pone a cada uno en su sitio"*.

Este amigo mío fue el cerebro, capitaneando la organización y la puesta en marcha del proyecto, pero la montaña le paró los pies y no pudo conseguir finalizar la escalada por problemas de salud.

Si hacemos una analogía con la selva, el líder debería ser como el león: todos lo respetan, es el más fuerte y hábil, pero cuenta con la capacidad de delegar e incluir a todo el mundo en los éxitos y méritos conseguidos. Un león solo no puede liderar toda una selva, necesita al lado fuertes aliados que lo complementen y lleguen donde él no pueda llegar. Necesita águilas con una visión global de todo el terreno, capaces de volar muy alto y llegar donde no llega el león con su mirada, de tal manera que pueda ser informado de todo lo que ocurre. También necesita hormigas trabajadoras, constantes y organizadas que se encarguen del trabajo pesado del día a día. Por otro lado, ha de ayudarse de la fuerza del elefante, capaz de cargar grandes pesos a largas distancias; de la ferocidad de los osos, para que asusten y mantengan alejados los peligros constantes y a la competencia; de la gran destreza e inteligencia de los zorros, capaces de conseguir cualquier cosa con su estrategia; y de los lobos, para que vigilen el terreno, dando calma y tranquilidad en caso de que surja cualquier problema o situación peligrosa.

En una organización y en un equipo, todos cuentan. De cada uno podemos extraer virtudes diferenciales que nos ayuden a conseguir un fin común. No hay que desdeñar a nadie. Primero, averigua en qué son buenos y cómo te pueden ayudar. No necesitamos ser buenos en todo, solo tener gente buena que nos complemente en todos los flancos.

Si tu forma de liderar supusiera la diferencia entre vivir y morir, ¿qué cambiarías?, ¿qué harías distinto? Seguro que muchas cosas…

En nuestro mundo, si lideras mal, no llegas al objetivo, y a lo mejor despiden a alguien. En el mundo animal, supone la muerte de la manada, por inanición o por ser devorados por otros animales.

Tanto la naturaleza como la empresa al final ponen a cada uno en su sitio.

El liderazgo del ama de casa

"Las mujeres lideran desde la emoción, la confianza y el cariño; los hombres, desde la razón".

Antes de empezar, me gustaría aclarar el término "ama de casa", entendiéndolo como referido a una persona polivalente, resolutiva, sacrificada y con grandes habilidades de liderazgo y gestión humana en entornos familiares.

Ya con pocos años de edad, admiraba a mi madre. Tenía tres hijos, trabajaba en un hospital más de ocho horas al día, y era ama de casa: hacía las comidas, se encargaba de la limpieza, de la ropa, de la compra… Y, además, ejercía el liderazgo del hogar o matriarcado de una forma velada, sin perder nunca el gran cariño y la protección que nos daba. Y, por si esto fuera poco, era el nexo familiar.

Todavía hoy me pregunto cómo lo hacía y cómo lo hacen las miles y miles de mujeres en el mundo, en condiciones similares, sacando todo esto adelante y mostrándose silenciosas, generosas. El precio que tienen que pagar es enorme: un gran desgaste físico y mental que les pasa factura tarde o temprano. Estas mujeres están hechas de otra madera, tienen una fuerza de voluntad, capacidad de sacrificio, amor y generosidad casi infinitos. Al preguntarme si mi padre hubiera sido capaz de hacerlo, o incluso yo mismo o cualquier hombre que conozco, la respuesta es no.

He visto a mi madre y a muchas mujeres pasar toda la noche sin dormir cuidando a sus hijos enfermos con infinita generosidad y amor, e irse a trabajar por la mañana como si hubieran dormido ocho horas. No es afrontar la crisis, sino cómo se afronta, saliendo fortalecido y reforzado, o abatido y superado por la situación.

Sirva esta parte del libro como un homenaje a ellas, como un reconocimiento especial. Desde la prehistoria, se lo han arrebatado todo, les han cubierto la cabeza con burkas, las han violado, han intentado enmudecerlas, las han empalado, las han tachado de brujas y quemado; pero nunca las han podido despojar de su dignidad y de su verdad. Y, al final, el tiempo pone a cada uno en su lugar, descubriéndonos que todo lo hemos hecho ni más ni menos que por miedo a su capacidad, a su fortaleza, a la diferencia y a su superioridad, ya que, al fin y al cabo, ¿quién puede dar la vida en este mundo?

Si nos fijamos en el liderazgo animal, por ejemplo en los elefantes africanos, su líder es la hembra de mayor experiencia del grupo. Mientras su edad avanza y se va volviendo más vieja, la siguiente en el orden realiza la transición al puesto al tomar gradualmente la defensa de la manada. Por lo tanto, son las hembras mayores las que pueden desempeñar roles de poder dentro de una manada de animales.

La investigadora y profesora de biología en el Mills College Jennifer Smith explica lo siguiente: *"Nos dimos cuenta de que las matriarcas mayores en las sociedades, mujeres que han estado en estos grupos durante muchos años, que son muy longevas y tienen este conocimiento (de la experiencia) son las que están tomando las decisiones".*

Si reflexionamos en torno a los atributos de las amas de casa, y más si recordamos a nuestras madres, podríamos destacar los siguientes aspectos:

- Son multitarea. Capaces de hacer cinco cosas a la vez: la comida, limpiar, hablar por teléfono, decirle al niño que haga los deberes.
- Pacificadoras. Ejercen de mediadoras en los conflictos y les quitan tensión, hablando y razonando con todas las partes.
- Controlan la economía familiar. Con muy poco, hacen mucho, no son despilfarradoras, consiguen las cosas al mejor precio, muy hábiles para estirar los presupuestos. Además, cabe destacar que son muy ahorradoras.
- Reflexivas. Siempre cuestionan las cosas para buscar las mejores salidas. Lo ven todo con diferentes enfoques, con más riqueza de detalles.
- Son inclusivas. No dejan a nadie fuera, todos cuentan.
- Constantes e insistentes. Mi madre me dijo más de un millón de veces que hiciera la cama y que recogiera la ropa de mi habitación, y nunca se dio por vencida.
- No sacan su fuerza del físico, sino de su interior, de su determinación.
- No tienen reparos en mostrar sus emociones. Lloran y manifiestan cuando están mal, lo que las hace más humanas.

- Miran por el bien general (el bien del equipo, no el particular).
- Son prudentes. Para ellas, lo primero es la seguridad y la salud de la familia.

Estoy convencido de que las grandes cualidades de "ama de casa", y de la mujer, extrapoladas al liderazgo, pueden ser la aproximación más cercana a la idea del "liderazgo envolvente", esto es, un liderazgo invisible que cubre y lo envuelve todo. Para ello, vamos a ver qué las hace especiales y diferentes. ¿Por qué liderazgos como el de Margaret Thatcher, la Madre Teresa de Calcuta, Ana Botín o Angela Merkel han marcado un hito en la historia?

Estas mujeres del hogar y la familia, mujeres líderes, dirigen las empresas o la política de sus países con muchas similitudes respecto a cómo dirigen sus hogares. No en vano llamaban a Angela Merkel "La Madre", y podríamos distinguir algunos rasgos de su liderazgo como detalles de gestión familiar. Uno de ellos es la generosidad, lo que significa ceder cuando es necesario, como lo harías con un hijo o con tu marido, antes de romper la relación o la familia. En Europa, decían que simulaba a la famosa ama de casa ahorrativa, sin más gastos que los necesarios. Y, por último, inteligencia, entendiendo tanto los pequeños detalles como los grandes.

Son muchos los estudios que avalan las ventajas objetivas que aporta la presencia de mujeres en los puestos directivos de las empresas, y su impacto positivo en las cuentas de resultados. Según un informe del Instituto Peterson para la Economía Internacional y el Centro de Estudios YE, las compañías que apuestan por el liderazgo femenino aumentan hasta seis puntos porcentuales sus beneficios netos.

Según palabras de Ana Botín:

> *"Además de talento, las mujeres aportan al negocio competencias complementarias a las de los hombres: mejor comunicación interpersonal, cooperación, pensamiento horizontal y capacidad de escuchar de verdad. También mayor empatía y capacidad de priorizar".*

Lo más parecido que he visto en toda mi vida al "líder perfecto" es un ama de casa, que ejerce el liderazgo anónimo, desinteresado e inclusivo, basado en el sacrificio por los demás, desarrollando espacios donde las personas puedan ser y quieran estar, sin destruir al resto.

Tercera parte
Consolidación y método

En la primera parte, nos hemos enfrentado a nosotros mismos y a nuestras grandes áreas de mejora con humildad, de manera crítica y sin tapujos.

La segunda ha sido el renacer del nuevo líder, un dirigente totalmente entregado a su equipo, y consciente de que él no es ni más ni menos que lo que consigue su gente, pero siempre con paso firme, con las cosas claras: potenciando lo positivo y eliminando lo negativo.

Ahora, en la tercera parte, vamos a conocer mejor el "nuevo liderazgo", tocando aspectos psicológicos, teorías recientes, elementos innovadores, y lo último en lo que se está trabajando y poniendo en práctica con muy buenos resultados en este campo.

La transformación requiere abrazar lo novedoso y desconocido, abrir la mente e incorporar nuevas herramientas a nuestro vetusto y gastado catálogo. Ya hemos visto que solo con lo que tenemos no nos llega; ahora es el momento determinante para que nos arriesguemos a salir de nuestra zona de seguridad, alcancemos el éxito y conquistemos nuevos escenarios.

La ventana de Johari y el *neurofeedback*

"Mediante el feedback, *podemos vernos a nosotros mismos como nos ven los demás".*

He presenciado en muchas empresas cómo se despedía a personas con talento a las cuales nunca se les había dicho que realizaban mal sus funciones o en qué fallaban, no dándoles la oportunidad de cambiar o mejorar, y lo que es peor, irse sin saber por qué, pensando que realizaban un buen trabajo.

Por otro lado, hay muchos trabajadores que reciben reprimendas constantes de sus superiores diciéndoles lo que hay que hacer, pero nunca cómo y, en concreto, que áreas deben mejorar. Cuando el líder no dice lo que piensa con rapidez, se va frustrando día a día hasta que estalla. Si hubiera transmitido su rectificación antes, el trabajador podría haber corregido ese fallo. Esto es claramente un gran problema de comunicación, de falta de entendimiento, y la estrategia de un jefe mediocre.

"La concreción es igual de importante para el elogio que para la crítica".

Harry Levinson

Tras terminar mis estudios universitarios y mi máster, fui elegido como *Sales Program Manager* (en cristiano, "jefe de *call center* de ventas") en una empresa americana de Madrid. Para empezar, teníamos que pasar primero por un periodo de entrenamiento que consistía en ejercer de teleoperador durante unos meses y, una vez pasado el periodo y probada la valía en ventas, te destinaban como responsable a alguna ciudad de España.

Cuando llevaba un mes y medio, y habiendo demostrado que era uno de los novatos que más vendía, un día me llamó a su despacho el jefe nacional de ventas, que era nuestro responsable. Me dijo que estaban muy contentos conmigo, pero que tenía que cambiar la forma de vestir, ya que una vez que nos dieran destino como jefes de plataforma, teníamos que dar una imagen, porque generalmente trabajábamos en salas de hoteles de cinco estrellas.

Yo tenía solo un par de pantalones de vestir y dos chaquetas, y los combinaba al libre albedrío; y ese día, después de la conversación con mi jefe, aparte de ponerme colorado, me miré al espejo de arriba abajo y me di cuenta de que mis zapatos, mis pantalones, mi cinturón, mi corbata y mi chaqueta eran todos de diferentes colores. Me percaté, en ese mismo instante, de que estaba rozando lo ridículo, de que iba a trabajar hecho un fantoche. Era muy joven, nadie me había enseñado a combinar pero agradecí infinitamente sus palabras, ya que me abrieron los ojos. Al día siguiente, me compré un par de trajes, y siempre vestía a juego. Esto me ayudó mucho, ya que, si nadie me hubiera dicho nada, probablemente este detalle me habría pasado factura.

Todas las personas tenemos áreas ciegas, cosas que desconocemos de nosotros mismos, pero que los demás conocen. Como líderes, debemos ayudar a nuestros equipos a descubrirlas para que mejoren y crezcan como profesionales. No podemos hacerles permanecer en el error, es fundamental abrirles los ojos, estamos para ayudarles e ir puliendo sus fallos. Para ello, debemos ejercer como grandes observadores (incluso de los pequeños detalles) y orientarlos con nuestra experiencia y visión global.

Una herramienta clave en liderazgo y que nos puede ayudar en esto es "la ventana de Johari", elaborada por los psicólogos Joseph Luft y Harry Ingham, una ventana de comunicación con nosotros mismos y con los demás a través de la cual puedo ayudar a mis equipos a descubrir áreas de mejora, y mediante la cual estos nos pueden ayudar a los jefes a descubrirlas también y, en definitiva, a ser mejores líderes.

Según este modelo, cada persona está representada como una ventana: "Cuando las miramos, nos asomamos a sus ventanas". Desde allí, podemos obtener información que ellos mismos conocen, que nosotros desconocemos e incluso que ni ellos mismos conocen. Estas tienen cuatro zonas:

1. **Área libre:** la información que yo conozco sobre mí mismo y que también conocen los demás. Esta debería ser la parte más amplia (cuanto más grande, mejor; mayor transparencia y mejor comunicación con el resto).

"El trabajo de gestión administrativa se me da fatal, y todos son conscientes de ello. Intento esforzarme al máximo, pero a veces no llego. Sin embargo, todos saben que echo las horas que haga falta en el trabajo".

2. **Área ciega:** la información que desconozco sobre mí y que los demás conocen. Alguna que otra vez nos hemos asombrado y hemos descubierto parte de cómo somos gracias a lo que nos han dicho los demás.

"A veces es muy bruto hablándole a los compañeros, y llega incluso a levantarles la voz". Esto es algo de lo que un trabajador puede no darse cuenta; y si no lo trabajamos con él, puede generar grandes conflictos en el equipo. Tal vez piensa que habla impecablemente a los demás, cuando no es así…

3. **Área oculta:** la información que conozco sobre mí pero que los demás desconocen.

"Me da miedo hablar en público, y soy inseguro, por eso no hago reuniones con todo el equipo". Podríamos penalizar a un miembro de nuestro grupo por no hacer reuniones con sus colaboradores, por no saber que el motivo real es el miedo.

Es importante que la persona lo identifique y lo trabaje con su jefe, o que el jefe sea capaz de detectarlo y corregirlo a tiempo.

4. **Área desconocida:** información sobre mí que no conozco y los demás tampoco.

"Mi jefe se tuvo que ausentar de una reunión de todo el equipo, y me pidió por casualidad que explicara lo que hacía en mi zona, con los clientes, y resultó un éxito, todos se quedaron encantados con mi intervención". Aquí es donde puede haber un gran potencial y un área por descubrir, y lo detectamos cuando salimos de la zona de confort.

En este ejemplo, un miembro del equipo tiene que contar su experiencia personal en un aspecto de su trabajo, y resulta ser un gran comunicador, e incluso un gran formador, faceta que él mismo y los demás desconocían.

Sobre el Yo

	Conocido por uno mismo	No conocido por uno mismo
Conocido por los demás	ÁREA PÚBLICA	ÁREA CIEGA
No conocido por los demás	ÁREA OCULTA	ÁREA DESCONOCIDA

Sobre los demás

La ventana de Johari

Para centrarnos en lo más importante de esta teoría del liderazgo de equipos, lo realmente sustancial es abordar el área ciega de nuestros colaboradores, eso que ellos no ven, no detectan, pero que les hace tener un rendimiento deficitario o menor del esperado. Aquellas limitaciones de las que no somos conscientes, pero que los demás pueden observar y experimentar en la interacción.

El proceso de dar y recibir información es uno de los conceptos más importantes del liderazgo y la gestión de equipos, una comunicación bidireccional, útil y con un propósito.

Se ha hablado y teorizado mucho sobre el *feedback* (la retroalimentación) y cómo llevarlo a cabo, tanto que a veces no lo damos por la gran dificultad técnica que supone; sobre todo, si queremos seguir a rajatabla todas las normas para su aplicación, que deben ser unos quince puntos.

Algunos libros de liderazgo dedican un capítulo entero a esto, que no digo que no sea importante, pero es "meter mucha paja". La realidad es que no lo hacemos por miedo a que se enfade la persona en cuestión o a que se lo tome a mal. Esto nos pasa por complicar tanto las cosas: dáselo y ya está, díselo y punto. Hazlo como te gustaría que te lo hicieran a ti, pero hazlo, y ten en cuenta la diferencia entre el análisis amigable y la crítica destructiva y vengativa. Lo peor que puedes hacer es no enfrentarte al error y dejar que se siga cometiendo, no corregir a tu equipo y traicionar así su confianza. Con el tiempo, ellos lo valorarán, aunque les duela, al igual que yo valoré a mi jefe cuando me dijo que debía vestir mejor; porque si bien es cierto que en un principio me afectó, a la larga me ayudó.

Es imposible tener un gran equipo si no les decimos claramente y con tacto las cosas que hacen bien y las que hacen mal. Las buenas, para reforzarlos; y las malas, para que crezcan y sean cada vez mejores. Nosotros somos la brújula y el espejo en el que se miran, no los defraudemos. Dirigir es encauzar.

Las relaciones tóxicas en los equipos y el triángulo dramático de Karpman

"Nunca serás criticado por alguien que esté haciendo más que tú, solo serás criticado por alguien que esté haciendo menos o nada".

Uno de los peligros más significativos que podemos encontrar en la gestión de equipos son las relaciones tóxicas entre sus miembros. Cuando esto se da, lo primero que hay que hacer es confrontarlas y eliminarlas. Estas personas o grupos representan roles negativos con la esperanza de llamar la atención, no perder el trabajo y, ¿por qué no?, destruir al otro, ya que lo perciben como rival, contrincante o simplemente enemigo. ¿Te imaginas a un equipo cuyos miembros no se hablan entre sí? Pues hay muchos. No podemos realizar un buen trabajo en equipo sin tener un ambiente propicio para una comunicación efectiva.

Ahí está uno de los retos que tienes como dirigente, aparte de ser muy buen comunicador. No nos hace falta formar parte de estos equipos para exclamar: *"Puff, ¡qué mal rollo hay aquí, la tensión se corta con un cuchillo!"*, y notar la energía negativa. Podemos decir que tenemos un incendio en nuestro grupo y que o apagamos el foco o pronto arrasará con todo. El diagnóstico: un equipo de trabajo enfermo.

Estos son esquemas de las interacciones humanas destructivas, que tienen lugar cuando dos o más individuos entran en conflicto. Como en la mayoría de las ocasiones, se da por mezclar lo personal con lo profesional, por juzgar a la persona en lugar de al trabajador. Es vital detectarlo y resolverlo antes de que afecte al equipo y a los resultados de la empresa, ya que estas personas están más preocupadas por sus roles que por los objetivos y las responsabilidades por los que fueron contratados. En otros casos, podemos hablar también del "síndrome de Procusto":

"Si sobresales, te cortaré los pies. Si demuestras ser mejor que yo, te cortaré la cabeza".

Procusto

Algunas personas no soportan que nadie destaque, y menos aún que puedan ser mejores que ellas en cualquier aspecto o función. Si eso sucede, son capaces de todo con tal de eliminarlos, afearlos o boicotearlos. Habitualmente, esto responde a su incapacidad y complejo de inferioridad, y es de suma importancia detectarlo y neutralizarlo.

En la mitología griega, Procusto (hijo del dios Poseidón) era un posadero que tenía su negocio en el Ática. Ofrecía alojamiento y un trato amable a los viajeros solitarios en su casa de las colinas, donde les proponía pernoctar. Cuando alguien se alojaba en el lugar, él entraba por la noche en su habitación y le ataba las extremidades a las esquinas de la cama. Entonces, había dos posibilidades: si el viajero era más grande que el lecho, le cortaba las que sobresalían (pies, brazos, cabeza…) para que "encajase" exactamente en este. Si, por el contrario, era más pequeño, lo "estiraba" hasta descoyuntarlo a martillazos para que se adaptase a la medida.

De hecho, el verdadero nombre del posadero era Damastes. Procusto era su apodo, ya que significa "el estirador". Lo cierto es que nadie se adaptaba inicialmente a la medida, pues, al parecer, Procusto tenía dos camas para esta tarea: una grande y otra pequeña, y asignaba una u otra habitación en función de la altura del huésped. El héroe Teseo fue quien acabó con Procusto. Se cuenta que, cuando descubrió lo que aquel sádico llevaba a cabo por las noches, decidió aplicarle a Procusto el mismo castigo que este le daba a todas sus víctimas.

El triángulo del drama de Karpman, también conocido como "triángulo dramático de Karpman", es un modelo de interpretación que surgió en el marco de una psicoterapia llamada "análisis transaccional". Dicho modelo, descrito por primera vez en 1968 y diseñado por Stephen Karpman, presenta un esquema de las interacciones humanas destructivas.

Los roles que podemos encontrar según el triángulo son tres:

1. **Perseguidor.** Acosa obsesivamente a alguien de su equipo, o a algún compañero. Suele ser el jefe, hace cumplir cruelmente las normas, que, a veces, no son muy prácticas. Se ensaña con los débiles, dirige con el miedo. Ante todo, necesita que reconozcan su autoridad.

2. **Salvador.** Intenta auxiliar o socorrer a alguien para sentirse mejor. Suele ser un compañero de trabajo, un homólogo que ofrece falsa ayuda con el fin de crear dependencia. Genera víctimas para poder ayudarlas mediante la manipulación, y necesita que lo necesiten.

3. **Víctima.** Desempeña el papel del débil y vulnerable. Suele ser un subordinado. Envía mensajes de indefensión. Provoca para ser humillada, manipula con la pena, se queja, siempre pone excusas. Necesita ayuda y compasión constante.

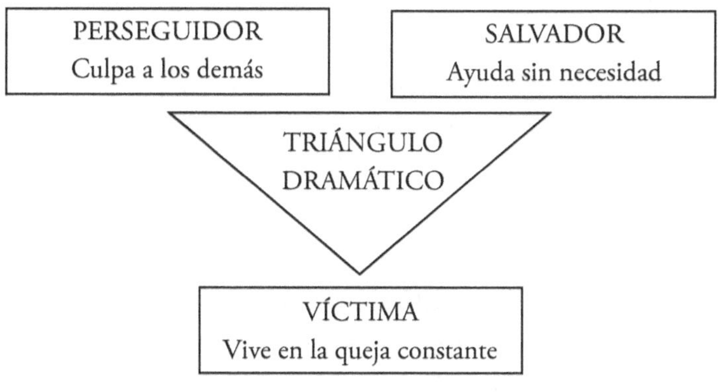

El triángulo dramático de Karpman

La clave de esta situación es que los roles no son estáticos, sino que van cambiando. Así, el perseguidor pasa a ser perseguido en ocasiones, o a ser víctima; el salvador pasa a víctima o perseguidor; y la víctima, a salvador o perseguidor, generando una relación laboral enferma y destructiva.

Recuerdo que hace años, siendo yo muy joven, trabajaba como responsable territorial de zona, y dirigía y supervisaba veinte unidades de negocio. Una de ellas estaba gestionada por una directora "trepa" que siempre llegaba tarde, no cumplía sus funciones, mentía constantemente y tenía problemas con todos los compañeros.

Llegué al punto de no fiarme nada de ella, y de controlarla constantemente, sin permitirle ni el más mínimo fallo (perseguidor). Ella se quejaba continuamente llamando a sus compañeros directores y diciéndoles lo malo que yo era con ella y lo mal que la trataba, que la tenía entre ceja y ceja (víctima). Un día, llamó a mis jefes para contarles una serie de hechos inciertos a los que ella le dio la vuelta para intentar implicarme y que me despidieran; entre ellos, que no la dejaba trabajar y que, por mi culpa no desarrollaba sus funciones correctamente (perseguidor). Y, en cierta ocasión, incluso dio la cara por mí (salvador) cuando la defendí en un conflicto que tuvo con un compañero. Como vemos, es fácil caer en estos papeles, pero resulta muy difícil salir de ellos. A todos nos ha pasado alguna vez por no afrontarlo desde el principio y poner fin a estos juegos.

Creen que su rol es perfectamente lógico y obedece a razones de peso. Ven solo una parte de la situación. La víctima solo ve que recibe malos tratos. El perseguidor solo capta los errores y fallos de los demás. Y el salvador se escudará detrás de supuestas buenas intenciones.

La víctima, por su parte, tendría que trabajar más en su autonomía. No ver solo el daño que le hacen los demás, sino también evaluar críticamente su respuesta frente a este.

El perseguidor debería desarrollar la capacidad de enseñar y formar. Evitar criticar y comparar tus conocimientos con los de las demás personas. Entender que cada persona tiene los recursos que tiene y se encuentra en un momento de su vida distinto al tuyo. Tomar consciencia de su vulnerabilidad, y no utilizarla como pretexto, sino como punto de partida para trabajar en sí misma.

Finalmente, el salvador podría ser más empático, aprender a escuchar más al otro y renunciar a hacerse cargo de los problemas que no le competen.

> **Cuidado con los juegos psicológicos en los equipos: si entramos en ellos, perderemos el foco y nos desviaremos entre las cortinas de humo que despliegan algunos miembros para camuflar su incapacidad y bajo rendimiento. Tenemos que ser más astutos y mantenernos ajenos, siempre centrados. Fija tu atención en el problema, no en las distracciones.**

Pirámide de las necesidades del liderazgo

Mucho se ha hablado de las necesidades de los trabajadores, pero no tanto de las de los líderes, y es conveniente en este caso considerar la siguiente máxima: *"Tenemos lo que pagamos, que a veces no es lo que necesitamos"*.

Un líder precisa un buen caldo de cultivo para poder desplegar todas sus habilidades, y muchas de ellas son emocionales. Es difícil dar lo máximo si recibes la mitad, o echarte al equipo en la espalda cuando te están arreando detrás con un palo. Digamos que un líder tiene otras necesidades que también deben ser cubiertas, y aquí la empresa desempeña un papel fundamental.

Las principales necesidades de un líder serían, en primer lugar, reconocimiento, tanto profesional (de valía y de competencia) como económico. No te pueden reconocer como el Guardiola de los gerentes y pagarte como a un entrenador de tercera división… Ni tampoco pagarte como a Zidane y tratarte como al recogepelotas.

Cuando una persona brilla, la empresa debe apartar la niebla para que siga brillando, no echar leña al fuego para que el humo no deje ver su luz. Hay personas que lo dan todo y más: les piden A y dan A+B; les exigen un 100 %, y dan un 120 %, son brillantes y apasionadas. Sin embargo, las compañías, en lugar de reconocer y agradecer el esfuerzo, las tratan como al que hace lo mínimo y tiene un rendimiento ridículo.

En segundo lugar, para mí, un punto clave es que la compañía te empodere, que te dé poder en tu puesto para hacer y deshacer. Poder para equivocarte, para decidir y proponer, poder personal y de cara a los demás, al resto y a tu propio equipo. Nada puede hacer un líder si no tiene poder, si debe consultarlo todo arriba para actuar, o si no posee capacidad de decisión. Esto lo huele el equipo, y dará lugar a que ninguneen al jefe y le salten con que para qué le van a preguntar nada si no decide. "Para eso, llamamos directamente al que decide".

En tercer lugar, un líder que se precie necesita un proyecto retador, un reto a su imagen y semejanza, un desafío a su medida. No podemos tener al mejor boxeador del mundo (Muhammad Ali) compitiendo con *amateurs* o *sparrings* sin futuro, porque lo desmotivaríamos hasta hundirlo.

En cuarto lugar, un líder necesita seguidores o, mejor dicho, un buen líder; y con los anteriores puntos solventados, genera seguidores, personas que darían su vida por él, que lo valoran y aprecian en el desempeño de su trabajo. Necesita un gran equipo detrás que lo siga, que crea en él. Esto le dará fuerza y autoestima para acometer las mayores gestas.

"Las empresas deben preocuparse cuando las personas más apasionadas comienzan a silenciarse".

Tim McLaren

Me viene a la memoria el comienzo de la película *Gladiator,* cuando el general romano Máximo, interpretado por Russell Crowe, tiene que luchar con un ejército de bárbaros superior en número al suyo, en un terreno desconocido y con una fuerte nevada. Recuerdo la espectacular forma de alentar y motivar a sus soldados, y cómo todos lo siguen fervientemente, porque confían en él, en su criterio y sus decisiones, y saben que, si los ha conducido hasta allí, es porque van a ganar. Ellos no tienen la menor duda de su general, y este cuenta con todo el apoyo de su ejército-seguidores.

En quinto lugar, tenemos la confianza. Poco será lo que un líder no pueda lograr con ella; pero para esa confianza ciega, necesita que el apoyo de la empresa sea pleno y total, que lo cubran en los malos momentos y se genere un espacio donde pueda equivocarse y rectificar. Un dirigente se ve sometido a una gran presión, y son muchas las decisiones que ha de que tomar (algunas a pecho descubierto), por lo que tener una red o, dicho de otra forma, que la empresa le teja una red es muy valioso para la consecución de sus logros.

Por último, destacamos la espiritualidad. Como hemos visto a lo largo del libro, su desarrollo no es un algo más, sino una necesidad para un líder que se precie, por lo que sin ella nunca podrá destacar y será uno más de una lista sinfín. La espiritualidad debe traerla de casa, pero también debe permitírsele en la empresa y fomentar espacios para ella.

Pirámide de las necesidades del líder

Cualquier persona, en cualquier puesto, tiene el derecho a satisfacer sus necesidades. Un líder trabaja para satisfacer las de su equipo para que este aumente su rendimiento, pero también debe cubrir las suyas propias. Si no, el equipo se descompensa y se rompe. No podemos atizar siempre al líder, porque al final este se quiebra, arrastrando todo con él.

Círculo de calidad para equipos de alto rendimiento

"Antes, el pez grande se comía al chico; ahora, el rápido se come al lento".

"Los analfabetos del siglo XXI no serán aquellos que no sepan leer y escribir, sino aquellos que no sepan aprender, desaprender y volver a aprender".

Alvin Toffler

Objetivo primordial: aparte de haber facturado más, ¿le hemos ofrecido más calidad al cliente? El círculo de calidad para equipos de alto rendimiento lo forma un grupo de trabajo perfectamente compenetrado y empastado, con una metodología clara y bien definida en pos de la mejora continua y de la calidad como base de su existencia, sin perder nunca el foco primordial: el cliente.

Las principales características de un C.C.A.R (círculo de calidad de alto rendimiento) son las siguientes:

a) Todo el mundo tiene que ser responsable de una parcela de la empresa. Cada miembro lidera un proyecto, una meta, esto es lo que hará de cada trabajador un pequeño líder en potencia. La idea es un gestor de líderes donde todos aportan algo al equipo y son responsables de su propia área. Hay una diferencia esencial en que las personas trabajen para una empresa o para ellas mismas en una empresa.

En este concepto, destacamos que no hay un líder como tal, sino que todos son líderes de su parcela y hay una persona que coordina y ayuda a los demás en el desempeño de sus funciones y la mejora de su área, por lo que no existe una jerarquía al uso; hablamos de una estructura plana donde todos colaboran y, cuando necesitan ayuda u orientación, se aplica un liderazgo colaborativo ejercido por un líder envolvente.

b) Por otro lado, cada componente tiene que saber hacer el trabajo del resto, para que, si falla uno, la marcha del equipo no se quede paralizada y dicho miembro pueda ser sustituido sin dificultad. La máquina no puede detenerse, y nunca se debe resentir la atención al cliente, por lo que es de vital importancia que todos puedan sustituirlos a todos y crear un sistema donde nadie sea imprescindible para la marcha de la empresa.

c) Es clave el enfoque *kaizen* de mejora continua y resolución de problemas, según el cual, aunque las cosas vayan bien, hay que seguir trabajando para mejorar y limar los pequeños inconvenientes que todas las empresas tienen en sus productos y servicios.

   Los diez puntos del espíritu *kaizen* son:

   1. Abandonar las ideas fijas, rechazar el estado actual de las cosas. No porque se haya hecho siempre así tiene que ser correcto.
   2. En lugar de explicar lo que no se puede hacer, hay que reflexionar sobre cómo hacerlo. No pierdas el tiempo en lamentarte; busca soluciones.

3. Realizar inmediatamente las buenas propuestas de mejora. Si has detectado un área mejorable, ejecútala ya.

4. Corregir un error inmediatamente *in situ*. Cambia lo antes posible lo que se ha constatado que no funciona.

5. Encontrar las ideas en la dificultad. Cuando te hayas en un callejón sin salida, es cuando empiezas a buscar la forma de escapar.

6. No perseguir la perfección, sino la mejora. El exceso de análisis lleva a la parálisis.

7. Buscar la causa real y, después, la solución. Las cosas no son lo que parecen. Identifica el problema real que se esconde detrás del problema aparente.

8. Tener en cuenta las ideas de diez personas en lugar de esperar la idea genial de una sola. Pueden más diez cerebros que uno, por muy grande que sea ese uno.

9. Probar y después validar. Arriésgate a probar cosas nuevas y, si no funcionan, inténtalo con otras.

10. La mejora es infinita. Todo es susceptible de ser mejorado siempre.

d) Será determinante el I+D+i (investigación, desarrollo e innovación). El problema es que solo lo hacemos cuando estamos en crisis, bien porque se nos adelanta la competencia o bien porque las ventas han experimentado una bajada; pero hay que hacerlo por sistema, "para adelantarnos al futuro": ese debe ser nuestro mantra.

e) Estructuras flexibles que generen una comunicación rápida e informal. Actuar con agilidad con el fin de adelantarse a la competencia, eliminar la "parálisis por el análisis". Si un cliente se queja de un producto en mal estado, no dependamos de que el empleado rellene mil informes para mandarlos a la central, ni del permiso del jefe. Con una llamada, debería bastar para devolverle el dinero al cliente o cambiarle el producto.

"Cuando todos saben para qué están trabajando, las personas se vuelven más creativas para lograr la visión".

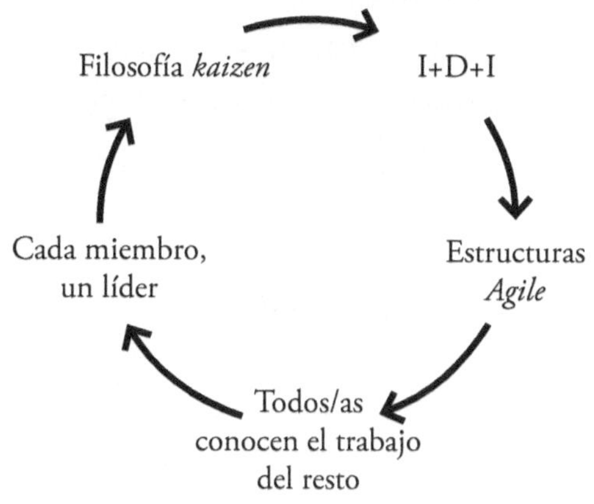

Círculo de calidad para equipos de alto rendimiento

Crea un orden colaborativo en el que cada miembro aproveche su talento y pueda aportar de forma útil y activa a la meta, en una estructura plana, sin jerarquías obsoletas, con espacios creativos, libres de miedo. Adáptate, los tiempos y condiciones cambian. La competencia aumenta. Sé rápido, flexible y mantente ágil.

Las siete reglas de oro para conquistar a tus equipos

"El verdadero liderazgo tiene que ver con experiencias humanas. No es una fórmula o un programa, es una actividad humana que viene del corazón y considera el de otros. Es una actitud, no una rutina".

Lance Secretan

Aunque no supiéramos nada sobre dirigir equipos y no tuviéramos experiencia en estas lindes, seguro que podríamos tener buenos resultados solo siguiendo estas siete reglas, que son oro para capitanear cualquier grupo de personas, y están basadas en cómo nos gustaría a todos que nos tratara nuestro jefe:

1.ª regla

"¡Estoy orgulloso de ti! ¡Confío en ti! ¡Gracias! ¿Tú qué opinas? ¿Cómo puedo ayudarte?". Prueba a decirle estas simples palabras a tus equipos y verás la transformación que produce en ellos.

Para cada persona, ella misma es la persona más importante. Para ganarte a tu equipo, háblales de las cosas que les gustan, quieren o necesitan, háblales de su pasión. El anhelo más profundo del ser humano es sentirse querido, importante y reconocido; pero, sobre todo, escuchado. Trata a cada persona como si fuera la más importante, porque para ella lo es, y escúchala con atención.

El trabajador tiene que ser tratado como un activo de la empresa, no como un coste; y eso se siente. Cuando te valoran, lo das todo; si eres un número o gravoso para tu empresa, te conviertes en un mercenario y te vendes al mejor postor. Es una pena ver a tus equipos como un centro de coste, como un gasto que afecta negativamente a tu cuenta de resultados. Esta suele ser la política de empresas y líderes con las miras muy cortas y, sobre todo, con mucha rotación de personal.

"El poder del elogio es incalculable. Los cerebros, como los corazones, van donde los aprecian".

Robert McNamara

2.ª regla

Aristóteles decía: *"Cualquiera puede ponerse furioso, eso es fácil. Pero estar furioso con la persona correcta, en la intensidad correcta, en el momento correcto, por el motivo correcto y de la forma correcta, eso no es fácil".*

Lograr esto es lograr "maestría", ya que la potencia descontrolada se convierte en debilidad.

Comprenderlo todo es perdonarlo todo (o casi todo). Generalmente, las cosas no son lo que parecen; y si escarbas un poquito más, te das cuenta de que hay muchos más detalles de los que, *a priori*, parecía. Profundiza, contrasta, sé objetivo, y luego dispara.

Mide tus fuerzas. No utilices un cañón para matar a una mosca, ni una rama para acabar con un dinosaurio; en el término medio está la virtud, no sobreactúes, controla tus emociones, y no dejes que estas te controlen a ti.

3.ª regla

"La libertad no es digna de tener si no incluye la libertad de cometer errores".

Mahatma Gandhi

Un empleado con libertad es un empleado feliz. Centrémonos en ayudar a las personas, en aportar valor a sus vidas y en solucionar sus problemas. Es preciso bloquearles el miedo, detectarlo y eliminarlo, porque hay trabajadores que vienen heridos de muerte de otras empresas donde han soportado a jefes déspotas e inhumanos, y son como las mascotas que abandonan y que han sufrido malos tratos y que necesitan, por tanto, apoyo y terapia emocional reconstructiva. Para que un equipo evolucione, hay que desarrollar espacios donde se sientan a salvo, donde puedan ser ellos mismos sin temor a equivocarse.

4.ª regla

"Si las personas creen en sí mismas, es increíble lo que pueden lograr".

Sam Walton, fundador de Walmart

Los líderes no ven a las personas como son, sino como pueden llegar a ser. Los líderes sobresalientes se salen de su camino para potenciar la autoestima de su equipo.

El milagro del escultor es coger un bloque de piedra informe y sacar una bella escultura. Ese debería ser el sentido de todo buen líder: coger a un colaborador y convertirlo en alguien mucho mejor.

Miguel Ángel dijo: *"La escultura ya estaba dentro de la piedra. Yo únicamente he debido eliminar la parte que sobraba"*. El primer paso para crear un trabajador excelente es creer en él, comunicárselo y demostrárselo.

5.ª regla

"Si estamos juntos, no hay nada imposible. Si estamos divididos, todo fallará".

Winston Churchill

El líder debe definirle muy claramente a su equipo en qué bando está. Aunque sea un equilibrista y esté en todos, tiene que posicionarse en el de la empresa o en el de su grupo. O solo barres para la compañía, sus intereses y ganancias, o intentas ayudar en todo lo posible a los tuyos, siempre dentro de los límites que tenga cada uno en su entorno laboral. A veces, para que un empleado tuyo cobre un incentivo, hay un 0,2 % de diferencia: tenía que llegar al 100 % y se ha quedado en el 99,8 %. En esos casos, el jefe que se posiciona con su equipo luchará hasta la extenuación porque su empleado cobre; en cambio, el que se posiciona con la empresa no hará nada, para así quedar bien ante sus mandos. Las consecuencias de las dos posturas son claras: con la primera, te ganas al empleado para siempre; con la segunda, lo pierdes para siempre. La realidad es que cuando te posicionas con tu equipo, ganan todos, ya que estarán más motivados y harán que la empresa genere más dinero.

6.ª regla

"El que tiene algo que enseñarme siempre tendrá mi respeto. El poder solo tiene dinero para pagarme".

"El líder no es lo que dice, es lo que hace, no necesitamos oír lo que dicen más alto, sino verlo más alto".

En todos mis años dirigiendo equipos, me he encontrado de todo: personas que sabían mucho más de la empresa y de los productos que yo, vendedores que me daban mil vueltas, maestros del Excel y de la gestión, otros con una verborrea espectacular, mucho mejor que la mía, pero yo nunca me he amilanado. Es más, siempre los he estudiado, y lo primero que me he planteado ha sido esta pregunta: "¿Qué puedo yo enseñarle a esta persona que no sepa?". Y siempre he encontrado "el qué". Esta es la llave de entrada a los equipos, ofrecerles algo que puedas enseñarles que no sepan para ayudarles a crecer; para ello, es forzoso tener un perfil generalista y haber estudiado para hombre orquesta. Al que sabe mucho Excel, le podemos enseñar algo de psicología positiva; al que vende mucho, algo de gestión; al que gestiona mucho, algo de inteligencia emocional; al que tiene mucha verborrea, algo de filosofía. Desgraciadamente, estamos acostumbrados a tratar con líderes de manual, personas que quieren enseñar lo que nunca han hecho y en lo que ni siquiera son buenos. Esto huele a postizo, y menoscaba el ánimo del equipo, porque sienten que los están defraudando y se hallan solos ante el peligro, ya que necesitan a alguien que los entienda y los saque del atolladero cuando sea necesario.

7.ª regla

El modelo "ES.TAR.SI." en liderazgo: "Estar siempre disponible, estar siempre presente y estar siempre accesible.

Esta regla marca la diferencia con los equipos. No hay nada peor que no estar disponible nunca, que te llamen con algún problema urgente y que no cojas el teléfono o no contestes los correos porque estás siempre ajetreado en la "ocupaditis".

Esto genera una gran ansiedad y frustración en los equipos, que no saben nunca si los podemos ayudar u orientar en los malos momentos, y se preguntan: "¿Para qué está esta persona en este puesto si siempre que la necesito está ausente y al final me tengo que sacar yo las castañas del fuego?".

Por otro lado, a algunos líderes ni se les ve ni se les espera. Puede que algún día se hagan notar o hagan acto de presencia, aunque generalmente no están, son como entes imaginarios. Estar presente es que el equipo sienta tu apoyo, tu aliento y, ¿por qué no?, tu presión positiva para que tiren hacia adelante y no se sientan solos y abandonados a su suerte; que piensen y sientan que te tienen cerca, que en cualquier momento los vas a visitar o vas a estar con ellos en carne y hueso.

Por último, y quizás lo más importante, es «estar o ser accesible», la cualidad por la que todo el mundo sabe y siente que puede hablar contigo de cualquier tema y en cualquier situación, independientemente del momento, y que no tienen que echar una instancia o pedir audiencia, sino que es tan sencillo como conversar con su pareja, porque es una persona cercana, de confianza.

> **Entendiendo a la persona, comprenderás a tu empleado. Hay una línea muy fina entre trabajar con tu enemigo porque solo le pagas y trabajar con tu aliado porque juntos sois más fuertes. Hacer sentir especial a las personas de tu equipo es el camino.**

Cuarta parte

El foco: herramientas para apuntalar nuestro desarrollo y el de nuestros equipos

En este capítulo, vamos a proponer herramientas que te van a ayudar a mejorar y encauzar tu liderazgo. Algunas son para uso propio; otras, para aplicar a los equipos; y también podrás encontrar varias para la empresa en general. Las voy a exponer de una forma muy sencilla, para que su puesta en marcha sea rápida y sin las menores complicaciones, alejándonos del academicismo que rodea a este tipo de técnicas y que hace que resulten tediosas, complicadas, difíciles de implementar…, y que, por ende, no se utilicen. Lo importante es llevarlas a cabo, porque el perfeccionismo es el mayor enemigo de la acción y del liderazgo.

Solo hay un sistema para crecer: encontrar los puntos de mejora y poner totalmente el foco en ellos con el objetivo de transformarlos, ya que no se van a perfeccionar por sí solos ni van a desaparecer por arte de magia. Todo aquello negativo que no cambiamos viajará con nosotros siempre, y se manifestará una y otra vez, impidiéndonos evolucionar y cumplir nuestras metas. Será nuestro *déjà vu* constante.

Como vemos en la siguiente figura, primero detectamos las áreas de mejora, para lo cual te pueden ayudar las herramientas de este capítulo. En segundo lugar, nos centraremos en ellas, lo que significa que debes prestarle total atención. Luego, las medimos, para tomar conciencia de en qué punto estamos y cuánto queremos mejorar (porque ya sabemos que lo que no se mide no existe). El siguiente paso será hacer seguimientos en el tiempo con una periodicidad determinada, utilizando medidas correctoras si es necesario para culminar la transformación.

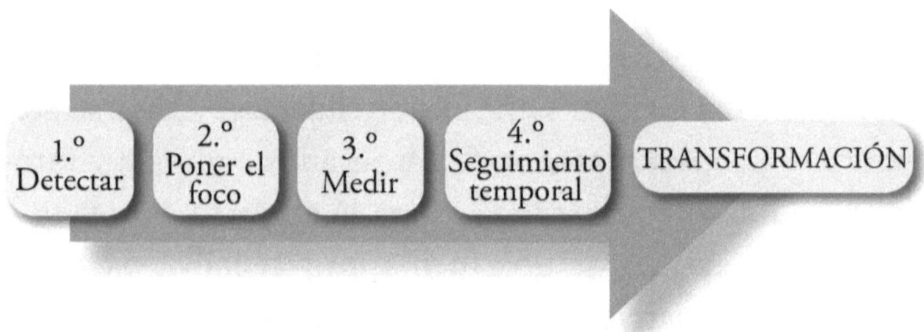

Pasos a seguir para la transformación

Intercambio de roles

A veces, la única forma de entender a alguien es ponerse en sus zapatos y, para comprender algo, nada mejor que hacerlo tú mismo. Recuerdo con cariño la formación inicial que tuve en una empresa de reparación de lunas del automóvil en la que trabajé seis años como coordinador comercial. Aunque mi puesto era de responsable de ventas con un equipo a mi cargo, para venderle el servicio de reparación de lunas a las compañías de seguros tuve que estar dos días en un taller aprendiendo el oficio.

Esto me aportó un gran conocimiento acerca del negocio y del trabajo que realizaban los compañeros de taller, así como de sus problemas. Posteriormente, para dicha venta, me sirvió mucho esta experiencia, ya que gracias a ello pude entender mejor los problemas y los fallos que a veces cometíamos con el servicio a los clientes y del cual se quejaban algunas compañías de seguros, y de este modo poder rebatirlos y explicárselos. Hoy en día, en las empresas, a todos nos hace falta un poco de trabajo en otros departamentos de los que nos quejamos (muchas veces por no tener conocimiento; y otras, también es verdad, porque nadie nos ha explicado las dificultades que se le presentan). Para ello, propongo una herramienta muy sencilla de aplicar.

¿En qué consiste?

En el intercambio de roles de personas dentro de una empresa con diferentes puestos, en un departamento o entre varios. Literalmente, en cambiar de puesto de trabajo por unos días y desempeñar la labor diaria del departamento o de la persona de la que nos quejamos o con la que tenemos problemas, con el fin de entender mejor la situación.

¿Para qué?

La esencia de esta dinámica es la resolución de conflictos entre personas dentro del mismo equipo o de diferentes departamentos, ya que estos vienen motivados, en la mayoría de los casos, por la poca empatía que tienen los unos con los otros. De esta forma, si se ponen en la piel del compañero, pueden llegar a sentir y a entender lo que piensa.

¿Cómo lo llevamos a cabo?

Cada persona tiene que comprometerse a encargarse de la labor de la que se ocupa la otra durante dos días, tanto en horario como en resolución de problemas, reuniones, visitas clientes, etc. El objetivo no es estar, sino comprender.

Foro de comunicación y mejora

Cuando mi equipo o mi empresa es un desastre, carente total de entendimiento y comunicación, donde todo el mundo va a la deriva y sin rumbo fijo, podemos decir que ha llegado el momento de actuar, recomponernos y alinearnos. A través del "foro de comunicación y mejora", pretendemos conseguir, sobre todo, buen ambiente, unidad, comunicación fluida (horizontal y vertical), así como la adaptación del puesto de cada uno al ritmo de la compañía. Es una herramienta magnífica, porque permite que puedan hablar y expresarse, que sea posible marcar las líneas de un nuevo rumbo entre todos, unidos y alineados.

¿En qué consiste?

En la creación de un equipo multidisciplinar en la empresa, generalmente una persona representativa de cada departamento, para formar un grupo de trabajo.

¿Para qué?

Para solucionar problemas generales importantes que afectan a toda la empresa, para situaciones de crisis, para evolucionar y mejorar, para resolver fricciones o malas relaciones entre departamentos. Como se diría vulgarmente, para sacar toda la basura afuera en vez de arrojársela a los demás, y empezar con el lugar limpio y desinfectado.

¿Cómo lo llevamos a cabo?

Se elige a una persona en representación de cada departamento: RR. HH., Comercial, Operaciones, Servicios Generales, etc. Se organiza una reunión inicial donde hay un moderador, que suele pertenecer a RR. HH., o una persona externa: un *coach* o un consultor.

Normas:

- No es un lugar destinado a criticar a los demás.
- Se pueden expresar problemas y dificultades, pero siempre de una forma constructiva y predispuestos a encontrar una solución.
- Cuando uno de los miembros tiene la palabra, los otros lo escuchan y no le faltan el respeto.
- Se han de cumplir los plazos predeterminados en los que se han de llevar a cabo los proyectos.

Se les formulan varias preguntas a todos los integrantes:

- ¿Qué funciones desempeñas en tu trabajo que crees que los demás no conocen y deberían conocer?
- ¿Cuáles son los mayores problemas que encuentras en el día a día de tu puesto? ¿En qué te podrían ayudar los demás departamentos?

- ¿Cómo ves realmente la empresa dentro de cinco años? ¿Cómo te ves tú dentro de cinco años?

En la reunión, se exponen el problema o los problemas, y cada departamento expresa su opinión y su punto de vista. Tras el primer foro, se establecen áreas de trabajo y se crean grupos mixtos. En las reuniones posteriores, se van aportando soluciones y se van implementando.

Este sería el trabajo para involucrar a toda la empresa, pero también lo puede llevar a cabo el líder con su equipo, invitando, además, a personas de otros departamentos.

El síndrome del líder hervido

Estamos en el campo y tenemos un caldero con agua hirviendo en el fuego. Una rana, al ver agua, salta dentro; pero, al mínimo contacto con el agua tan caliente, pega un fuerte respingo y sale. Ahora imaginemos que ponemos a calentar agua en el mismo caldero y, antes de que empiece a calentarse, entra la rana. Como está a buena temperatura, se queda dentro, pero el agua va calentándose más y más. Y, al final, por no saltar a tiempo, se cuece.

El "síndrome de la rana hervida" es una metáfora de la incapacidad de algunas personas para reaccionar ante una situación de peligro o crisis. Son aquellas que, en lugar de despertar y empezar a tomar medidas, se adormecen y, poco a poco, se van acostumbrando a la situación negativa sin poner ningún remedio, hasta que acaban cocidas.

Algunos líderes actúan de inmediato en estas situaciones a través de la innovación, saliéndose del círculo…; en definitiva, abandonando la zona de confort. Otros, tiran la toalla y se dejan arrastrar por la corriente.

Así pues, podemos formularnos las siguientes preguntas para saber en qué bando estamos como líderes:

- ¿Qué has hecho nuevo o diferente en tu trabajo o con tu equipo en los últimos dos años?
- Desde que empezó la crisis, ¿en qué has cambiado?
- ¿Hay algo por lo que puedas ser reconocido y que te diferencie del resto de personas en tu mismo puesto?
- En cuanto a tu formación, ¿te has reciclado? ¿Qué has estudiado últimamente que te haga un profesional adaptado a los tiempos que corren?

Si poco o nada puedes responder a estas preguntas, tienes mucho en torno a lo que reflexionar; pero, sobre todo, mucho que hacer.

El muro

"Todo el mundo tiene un plan hasta que le doy el primer puñetazo".

Mike Tyson

Uno de los aspectos que más quema a los trabajadores (y, con ellos, a sus jefes si no saben manejarlos) son los "muros" que se encuentran en el camino, esos problemas insalvables que están ahí y no podemos evitar por mucho que lo intentemos. Invertir tiempo en ello es innecesario e inútil. Lo mejor es que destinemos nuestra fuerza a lo que sí es posible cambiar, a aquello en lo que sí podemos influir y mejorar. En lo demás, no merece la pena y, encima, nos absorbe la energía. Me refiero, por ejemplo, a lo mucho que nos cuesta vender, porque somos más caros; el gran esfuerzo que supone realizar la venta; siempre hay problemas con los plazos, y tarda el doble de días en llegarle el pedido al cliente; le prometemos una calidad excelente y, luego, se les estropea en dos días; o el servicio técnico, que falla más que una escopeta de feria.

Hace tiempo, trabajaba como jefe de ventas en una compañía del sector salud donde éramos los líderes del mercado. Recuerdo especialmente una reunión con mi equipo al completo, directores de zona, etc., que parecía un funeral. Todos con la cara larga, negativos, quejándose por cualquier cosa, y yo pensaba: "Somos los líderes del mercado, la mejor empresa, mi equipo gana una pasta, tienen el trabajo asegurado, y no hacen más que quejarse. Es el mundo al revés".

Les propuse que hicieran el ejercicio del muro, que, individualmente, dijeran qué aspectos de su trabajo les estaban amargando la vida. Cada cual expuso los suyos, y el 80 % eran motivos ajenos a ellos y con los que no podíamos hacer nada: los tiempos para dar el servicio se retrasaban, algunos tenían pocos clientes, muchos protocolos, horarios, comisiones…

Y les pedí que movieran el foco y se centraran en lo que sí podían cambiar e influir, que era mucho. Que entendieran que se les estaba pagando también por ello: resiliencia, capacidad para la resolución de problemas, etc., porque, si todo fuera un camino de rosas, no necesitarían a buenos profesionales como ellos, y podrían contratar a cualquiera que tuviera la EGB, o a robots.

A veces, perdemos la perspectiva (e incluso el norte), y los muros no nos dejan ver la realidad. Tenemos que hacer una lista de los muros que nos encontramos en las empresas y trabajarlos mentalmente con nuestros equipos, porque muchas veces nos centramos en ellos, nos impiden avanzar, y hasta los utilizamos como excusa para no esforzarnos y bajar el rendimiento.

MUROS	¿Podemos hacer algo?	Solución
Servicio Técnico	NO. En todo caso, mi empresa	Poner sobre aviso al cliente sutilmente
Plazos de entrega	NO. En todo caso, mi empresa	Poner sobre aviso al cliente sutilmente
Somos más caros	NO. En todo caso, mi empresa	Ninguna
Calidad del producto	NO. En todo caso, mi empresa	Poner sobre aviso al cliente sutilmente
Competencia desleal	NO	Ninguna
Comisiones y sueldos	NO. En todo caso, mi empresa	Hablar con la empresa

Hay aspectos, como que mi sueldo sea bajo, en los que poco podemos hacer, ya que se trata de una política de la empresa. Cabe la posibilidad de plantearlo, pero será esta la que decida. Lo que sí está en mi mano es intentar conseguir el máximo variable posible o, si no hay, proponerlo, pero de nada vale quejarse constantemente del sueldo si es lo establecido.

En cuanto al servicio técnico, si es un poco lento, lo mejor es que le digamos a los clientes que si se les estropea, se lo van a arreglar, pero que deben tener paciencia, ya que hay unos plazos establecidos. De este modo, evitamos pasar malos ratos.

Si somos más caros, somos más caros, nada podemos hacer. Está en nosotros defenderlo y justificarlo para que esto sea una ventaja y no un inconveniente, pero de nada nos vale hacernos sangre por ello; así que admítelo, acéptalo y que no te afecte.

El "egocímetro"

"El ego es como la niebla. Cuanto más nos preocupamos por satisfacer nuestro amor propio, más densa se vuelve la niebla, repercutiendo en nuestros resultados y en nuestras empresas".

El ego, en gran parte, nos hace sentirnos mejores que los demás. En el fondo, es un mecanismo de autodefensa conectado con los instintos más primitivos de lucha o huida, y su objetivo es sobrevivir en un mundo de máxima competencia.

Los principales peligros del ego son:

- Nos impide reconocer lo que hacemos mal y, por ende, cambiar.
- Nos lleva a ser inmovilistas, porque creemos que todo se nos da bien.
- Conduce a la prepotencia.
- No escuchamos. ¿Para qué? "Si soy omnisapiente, y no me van a aportar nada".
- Despreciamos a los demás y sus opiniones aun cuando nos pueden ayudar a crecer.
- No aceptamos críticas, dado que las interpretamos como un ataque hacia nuestra persona, y no como una ayuda.
- Nos genera un sentimiento de envidia por quienes destacan, en lugar de compartir su éxito.

Vamos a medir nuestro ego en una escala del 1 al 10. Si estamos por encima del 5 o el 6, empiezo a tener un problema, y seguramente la relación con mi equipo (o parte de él) no fluye. En este punto, sería bueno empezar a sustituirlo por humildad y pensar que no estoy compitiendo con ellos, sino con los problemas del entorno y el mercado; hay que empezar a verlos como aliados en vez de como rivales.

Buscar la pasión de tus equipos

"No puedes ser un gran líder si no sabes lo que le apasiona a las personas de tu equipo".

Para terminar con las herramientas de liderazgo, quiero compartir una reflexión. Hubo una temporada en la que cada vez que iba a visitar a mis equipos, invertía el 100 % del tiempo en aspectos laborales y de gestión. Detecté que estaba obviando su parte personal, y que solo hablaba con ellos de trabajo. Comencé a pensar en eso, y descubrí que no sabía nada de las personas a las que dirigía: sus gustos, aficiones, sueños, ni lo que hacían fuera del trabajo. Esto me estaba limitando como persona y como líder, así que decidí preguntarles cuál era su pasión, lo que más disfrutaban cuando tenían tiempo libre. Me sorprendí muy gratamente. A uno le gustaba la música, y era un gran entendido; otra era una magnífica cocinera y experta en moda; otro, un apasionado de los viajes; otra hacía teatro y era muy buena actriz. ¿Cómo era posible que fuera su jefe y no tuviera ni idea de sus talentos? ¿Cómo se explica que estemos dirigiendo equipos sin saber en qué son buenos? Conocer su pasión será un plus en la relación con ellos y, sobre todo, generará complicidad. Y es que si tratamos con ellos los temas que les gustan, los estamos valorando como personas, lo cual nos ayudará a llegar a conocerlos más a fondo. Lo que propongo aquí es muy sencillo. Consiste en preguntarle a todos y cada uno de los miembros de tu equipo cuáles son sus pasiones, tenerlas muy presentes y, siempre que estés con ellos, compartir espacios en los que "líderes por pasión y empatía".

Reflexión final

Quiero acabar el libro con el extracto de una frase de Marcelo "el Loco" Bielsa y una reflexión final:

"Los seres humanos de vez en cuando triunfan, pero habitualmente combaten, se esfuerzan y ganan de vez en cuando… No permitan que el fracaso les deteriore la autoestima. Cuando ganas, el mensaje de admiración es tan confuso…y eso deforma. Y cuando pierdes, sucede todo lo contrario, hay una tendencia morbosa a desprestigiarte… En cualquier tarea se puede ganar o perder… lo importante es el tránsito, la dignidad con la que recorrí el camino en la búsqueda del objetivo".

En ocasiones conquistaremos nuestros objetivos y metas, en otras, no. Lo importante es el camino y la mejora continua. No dejes de intentarlo nunca, no te rindas, no te pares. Mira atrás, mucha gente depende de ti.

En tus manos está reescribir el libro de tu liderazgo. Modestamente te he dejado mis consejos y experiencia por si sirven para tu propósito, si bien el impulso final ha de ser tuyo. Ha llegado el momento de que empieces a caminar hacia la excelencia. Para ello haz siempre gala de una antigua palabra africana: ***ubuntu*** o "yo soy porque nosotros somos".